泛家居

高质量企业不可或缺的软实力
——数字化营销篇

凌远龙 著

中国水利水电出版社
www.waterpub.com.cn

内容提要

本书分为泛家居企业掌舵人应该明白的经营思维、洞察人性的经营体制、执行力系统、营销与销售 4 篇，共 14 章，主要内容为泛家居企业数字化营销的相关知识。

本书可作为泛家居企业数字化营销的培训资料，也可供泛家居企业管理者参考。

图书在版编目（ＣＩＰ）数据

泛家居高质量企业不可或缺的软实力. 数字化营销篇/凌远龙著. -- 北京：中国水利水电出版社，2020.9
 ISBN 978-7-5170-8848-6

Ⅰ. ①泛… Ⅱ. ①凌… Ⅲ. ①室内装饰－建筑企业－工业企业－网络营销－研究－中国 Ⅳ. ①F426.9

中国版本图书馆CIP数据核字(2020)第171253号

策划编辑：陈红华 责任编辑：王玉梅 加工编辑：高双春 封面设计：梁 燕	
书　　名	泛家居高质量企业不可或缺的软实力——数字化营销篇 FAN JIAJU GAOZHILIANG QIYE BUKE-HUOQUE DE RUANSHILI ——SHUZIHUA YINGXIAO PIAN
作　　者	凌远龙　著
出版发行	中国水利水电出版社 （北京市海淀区玉渊潭南路 1 号 D 座 100038） 网　址：www.waterpub.com.cn E-mail：mchannel@263.net（万水） 　　　　sales@waterpub.com.cn 电　话：（010）68367658（营销中心）、82562819（万水）
经　　售	全国各地新华书店和相关出版物销售网点
排　　版	北京万水电子信息有限公司
印　　刷	天津联城印刷有限公司
规　　格	170mm×238mm　16 开本　8.25 印张　137 千字
版　　次	2020 年 9 月第 1 版　2020 年 9 月第 1 次印刷
印　　数	0001—3000 册
定　　价	48.00 元

凡购买我社图书，如有缺页、倒页、脱页的，本社营销中心负责调换
版权所有·侵权必究

∨

泛家居行业已经告别野蛮生长

营销红利风口已经过去

经营红利时代已经到来

高效、低成本的营销平台、管理平台和服务平台

可助力构建泛家居高质量企业

回归商业本质

为客户创造价值

作者简介

凌远龙

万维软件创始人
1977年出生，毕业于广州华南理工大学。

作者二维码

2005年	创立广州扬海科技有限公司
2006年	主导开发专注泛家居行业的管理软件——万维软件
2008年	主导开发以引擎技术为核心的设计平台
2009年	提出"建材行业4D管理体系"
2011年	主导研发并推出建材行业条形码移动终端系统
2013年	主导研发万维软件智能版产品，开启了建材行业管理软件的智能化时代
2014年	通过与武汉华楚万家通力合作，主导研发万维软件阿米巴版产品
2015年	主导研发亿建通电商平台
2016年	主导开发泛家居行业的EIP生态化平台
2017年	创立亿建通平台，并成功开发了亿建通协同平台
2018年	主导开发的万维软件及亿建通用户超过28万人，用户遍及全国31个省，332个城市
2019年	被杭州东箭集团、武汉华楚万家、武汉市装饰建材家居发展商会等聘为数字化企业顾问

目录

第一篇 泛家居**企业掌舵人**应该明白的**经营思维**

第一章　泛家居销售企业经营五大要素 / 2
第二章　拥抱新零售　重构人货场 / 6
第三章　泛家居企业经营的八大系统性格局思维 / 13
第四章　数据化经营：让数据驱动正确决策 / 17

第二篇 洞察**人性**的**经营体制**

第五章　合伙人裂变经营模式 / 23
第六章　阿米巴经营管理模式 / 26

第三篇 **执行力**系统

第七章　工作规划 7 步法 / 36
第八章　执行力的七大管控系统 / 43

第四篇 **营销**与**销售**

第九章　游戏化销售管理 / 47
第十章　计划管理 / 53
第十一章　开拓客户 / 63
第十二章　家装报备与核算 / 72
第十三章　潜客进店 / 82
第十四章　促销活动管理 / 108

高质量企业不可或缺的软实力
——数字化营销篇

DIGITAL MARKETING

第一篇
泛家居企业掌舵人应该明白的**经营思维**

当前泛家居企业的营销红利时代已经结束，在信息高度透明的互联网环境下，客户已经变得越来越聪明、越来越理性、越来越专业，所有的营销点子、营销技巧貌似都没有以前管用，因此，**泛家居企业应该回归商业的本质，从经营上下功夫，通过管理出效率。**

那么，如何从顶层对企业进行规划，确保企业朝正确的方向前行，就是每个泛家居企业掌舵人必须思考的问题了。

第一章

泛家居销售企业经营五大要素

顶层设计

当下，精装房比例逐年上升，房地产增量市场逐步消退，泛家居行业消费主体逐渐从"60后""70后"向"80后""90后"，甚至"00后"迁移，同时互联网、移动互联网、电商、移动支付、VR、人工智能等技术不断发展，这些推动了传统行业的颠覆性改变。目前泛家居行业面对的不是挣钱多少的问题，而是有没有钱挣的问题。因此，泛家居企业只有应用互联网思维，让数据成为生产力，构建泛家居经营管理模式，打造高效率、低成本的高质量企业，才能在未来的竞争中获胜。

泛家居高质量企业顶层设计如图1-1所示。

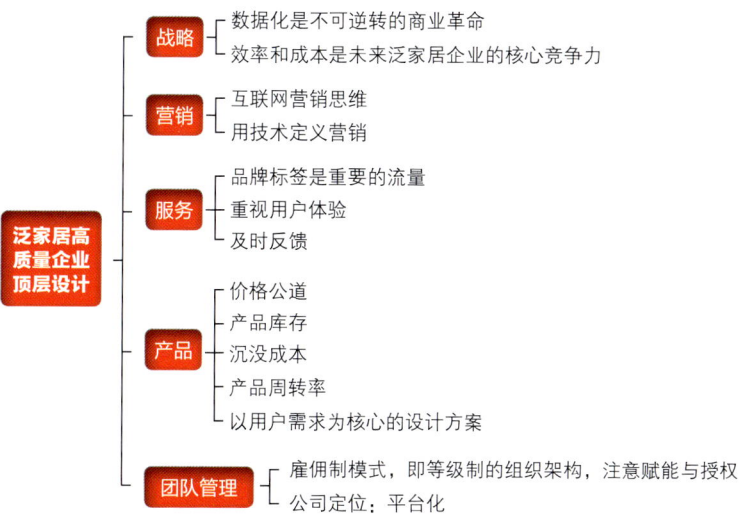

图1-1 泛家居高质量企业顶层设计

1. 战略

（1）**数据化是不可逆转的商业革命**。从人类历史上看，所有商业革命的本质是效率之战，用高效率打败低效率。互联网将地球连接成地球村，解决的是空间效率问题。移动互联网把地球人联系在一起，解决的是时间效率问题。未来的企业将在信息高速公路上进行较量，因此，泛家居企业应该把数据化上升到战略高度。

（2）**效率和成本是未来泛家居企业的核心竞争力**。谁的现场呈现能力强，谁的交互能力强，谁的沟通效率高，谁的服务更加及时，谁就能够获胜，因为消费者没有耐心去等待。

> 我们卖一块砖100元，A公司的运作费用要10元，B公司的运作费用要5元，自然B公司拥有更大的竞争力。正如宜家的创始人坎普拉德所说："用1000美元制造出一套沙发不算什么，关键是能不能用100美元把1000美元的沙发制造出来。"因此要关注每一个生产环节上的每一个细节，降低每一个生产环节所需的成本。

由上例可知，对泛家居企业来说，成本制胜。

2. 营销

（1）**互联网营销思维**。在传统思维中，10个潜客（潜在客户）会一路衰减成3个或者2个成交客户。而互联网流量池思维、裂变思维，可以将2个潜客裂变成10个成交客户。

（2）**用技术来定义营销**。用增长黑客技术让广告见效后再付费，让营销更精准，让成交被设计，让带单成为兴趣。

3. 服务

（1）**品牌标签是重要的流量**。小米企业线下店的坪（1坪=3.3平方米）效为什么这么高？就是因为小米的品牌定位是"价格公道，品质还行，买完就走"。所以泛家居企业在转型的过程中不能浮躁，应该重视没有现金流的工作，因为没有现金流的基础工作往往是建立并维持品牌标签的关键，也是制胜的关键。

（2）**重视用户体验**。如今购物消费是一种情绪体验，消费者追求的是简单、极致、方便。他们耐心不足，希望购物体验有趣、好玩、安全，因此这应该成为泛家居企业服务的标准。同时服务应该消除时间和空间的限制，让消费者随时随地享受触手可及的服务。

（3）**及时反馈**。将被动服务转变成主动服务，让服务自动化。

4. 产品

（1）**价格公道**。在信息时代，信息之间的不对称现象已经消失，因此暴利时代已经结束，泛家居企业只能选择"价格公道"。

（2）**产品库存**。在目前产品生命周期急剧缩短的时代，如果同样一亿销售额的两家企业，A企业的产品库存金额为1000万元，B企业的产品库存金额为3000万元，则A企业更有核心竞争力，因为6个月卖不出的产品有可能成为废品。

（3）**沉没成本**。存货卖不出、破损、报废、丢失，物流成本、资金投入的利息等，这些都是不可忽视的沉没成本。

（4）**产品周转率**。同样做一亿销售额的两家企业，产品周转速度快的企业可降低企业经营风险。

（5）**以用户需求为核心的设计方案**。设计方案应以用户需求为向导，回归商业的本质。

5. 团队管理

（1）目前大部分泛家居企业采用传统的雇佣模式，其本质是等级制的组织架构。它发挥作用的前提是市场变化不快，在这样一种环境下，管理者靠着积累的经验，就能具备正确决策的能力。而在瞬息万变的信息时代，一线员工往往掌握更多的一线资讯，更了解市场的情况，因此企业的职能应该是：赋能授权给一线员工。

（2）公司的定位是平台化，所以要解决两个问题：一个是建立有效的激励机制，发挥员工的潜能，如采用阿米巴、合伙人模式，进行股权激励等；另一个是建立公平、及时、准确的核算体系，解决管理者跟员工之间的信任问题。构建平台化企业的五个模式如图1-2所示。

图1-2 构建平台化企业的五个模式

第二章

拥抱**新零售** 重构**人货场**

泛家居企业管理的核心就是人货场的管理。泛家居企业的核心竞争是效率和成本之争。随着移动互联网技术的发展，未来泛家居企业竞争的本质就是大数据、算法、人工智能、物联网的效率之争。

因此泛家居企业应以人为中心重构人货场，从原来的人找货转变为货找人。这是未来泛家居企业的核心理念。

接下来介绍如何重构人货场。重构的核心指标就是人效、品效、坪效，分别对应人、货、场。

1. 人效

重构人效如图 2-1 所示。

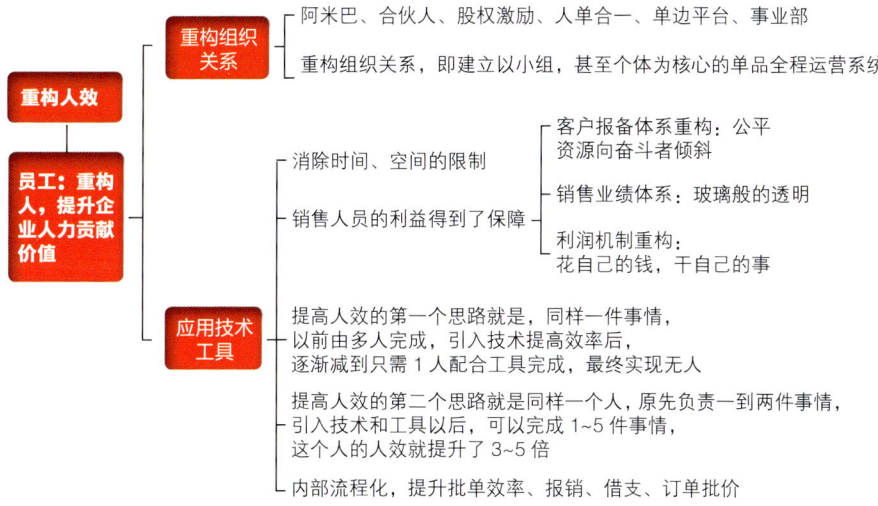

图 2-1 重构人效

（1）重构组织关系。打破传统直线职能的公司制的管理组织，构建一个花自己钱办自己事的高效组织，比如现在流行的阿米巴、合伙人机制、股权激励、人单合一、单边平台、事业部。

针对重构组织关系，下面介绍两个案例。

案例一：

互联网品牌韩都衣舍，将传统的直线职能打散重组，每个小组分为三人，一人是产品设计师、一人是网店管理员（销售员）、另外一人是货品管理员（采购）。

这三人组成的小组，相当于一个小微企业，独立运作、独立核算。刚开始每一个小组的资金额度是 2 万~5 万元，以后每个月使用的资金，就是上个月销售额的 70%，这样销售得越多可使用的资金就越多。每款产品款式的选择，包括销售价格和折扣的制定都是由这个小组的人全权负责。

另外，以绩效对他们进行考核，考核指标为业绩的完成率、毛利率、库存的周转率。通过这三个指标看他们有没有钱挣，毛利润、库存是多少，周转率高不高。

每个月公司对小组进行排名，其中排名在倒数10名的产品小组会受到警告，连续两个季度排名都是最后的，就会被拆散和重组。这是韩都衣舍对员工的约束机制。

案例二：

海尔的人单合一模式也是值得借鉴的。什么叫人单？就是每一个员工直接面对的是客户，而不从属于岗位，是为客户而存在的，有单的地方就有人，一张单，就有一个小组来为其服务。

什么是合一？合一不但是组在一起干事，而且他们的薪酬机制也采用人单酬这种闭环关联模式，也就每个人的薪酬来自客户的付薪，来自客户的评价，而不是上级的评价或者企业的付薪。这样人单合一的经营模式就是薪酬驱动的模式，它让企业的两个变量（战略和组织）发生裂变，实现了"三化"：企业的平台化、员工的创客化和用户的个性化。

通过这两个案例可知要提升效率，就要激发员工内在的驱动力。

（2）**应用技术工具**。利用互联网、移动互联网及人工智能技术来提高工作效率。

1）在移动互联网时代，无论是员工还是客户，都要消除时间和空间的概念。因为通过移动互联网，销售人员或者商家跟消费者之间，能够即触即达。当然，对员工来讲可能要做到的是无论是上班时间，还是下班时间，都可以为客户提供服务。

2）传统企业的员工是一个弱势的群体，信息封闭，公司说什么是什么。但随着互联网发展，信息越来越透明，利益得到保障，销售人员才会有动力，才会发自内心地把工作当作自己的事业。

销售人员利益的三大保障体系：

A. 客户报备体系的重构。原来客户的报备，可能就是手工登记、报告。未来通过AI技术和互联网，可以让报备体系更加公平，以使客户资源向奋斗者倾斜。

B. 销售业绩体系的重构。销售人员要随时随地看到自己的业绩、自己的目标、自己的提成、自己的利润。未来的组织要构建一个像玻璃般透明的信息系统支撑平台。

C. 利润机制的重构。企业应把员工当作自己的伙伴，让他们觉得是在花自己的钱干自己的事，以大大提高效率，保障销售人员利益。

3）提升人效需要两个思路。

第一，原来一件事情需要很多人完成，在技术提升效率之后逐渐减为更少的人或者一个人，甚至无人就可完成。

> 例如：查货。原来客户在订单成交之后，要打电话给导购或者到店里面又或者通过微信问导购自己的货的进度，导购接到客户电话后，就得到处查，查半个小时，甚至半天，才能确定货的进度。如果我们通过技术手段，把每个部门的信息系统打通，即通过 ERP 系统或服务系统，导购人员只需要输入客户的电话号码，就可以查到货的进度。甚至不需要导购查，客户登录服务商官网或服务公众号就可以查看自己订单的状态，实现了无人即可完成服务。

第二，原来是一个人做两件事，在提高效率之后，一个人可以做三件事、四件事、五件事。

> 例如：打单、做账。财务人员原来要手工做账、来回登账，在财务智能化后，则可以自动导入凭证、自动结账，提高效率，做更多的事情。打单、写单、发货、算库存原来由物流文员负责，通过信息系统，这些都可以实现自动化。

4）通过内部流程化，提升批单效率。以前导购卖完货之后要有文员来专门写单、传单、跟单。信息系统可以做到人单合一，从而提升人效。以前员工做报销单、借支单要管理人员签字审批，但因为管理人员忙联系不上，导致借支单没办法及时批下来以致财务不给钱，错过了做活动的时间或者耽误了其他工作。通过信息系统，管理人员随时都可以审批借支单，因此效率得到提升。

2. 品效

下面从四个方面进行论述。重构品效如图 2-2 所示。

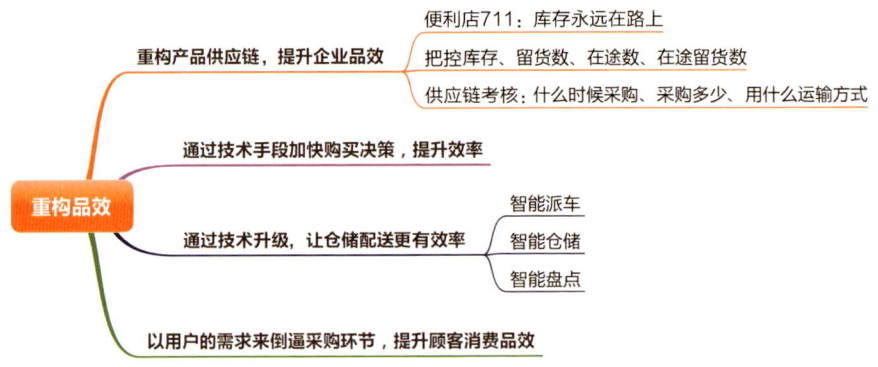

图 2-2　重构品效

（1）重构产品供应链，提高企业的品效。正如便利店 711 所宣传的，库存永远在路上，这样就可以节约货架这个空间，对于泛家居企业来说，要精准营销，把控库存、留货数、在途数和在途留货数。当企业在向厂家订货的时候货还没卖出去，但从厂家发货回来到仓库的时候，这些货基本上要消化掉 80%。这样一个组织才是健康的组织。因此对供应链进行考核的三个核心是：什么时候采购、采购多少、用什么样的方式运输。通过数据驱动供应链的优化才能提升产品的品效。

（2）通过技术手段加快购买决策，提升效率。泛家居企业要打造一个从销售到财务到加工的一体化、信息化系统，有利于加快商品的流通。

（3）通过技术升级，让仓储配送更加有效率。智能派车、智能仓储、智能盘点这些智能化功能有利于企业在花费更少人力的情况下，让仓储更加有效率，做到派车精准、仓储合理、发货快。

（4）以用户的需求来倒逼采购环节，提升客户消费品效。传统的营销方式是根据厂家的政策采购商品，然后在卖不出商品的时候拼命搞促销，那这种促销的需求就不是消费者的需求，而是公司的需求——把它卖出去。

未来泛家居企业要反过来，真正根据客户的需求进行精准采购，这样就可以精准地进行促销，避免采用堆头或者呆滞产品进行促销。

3. 坪效

下面从六个方面进行论述。重构坪效如图2-3所示。

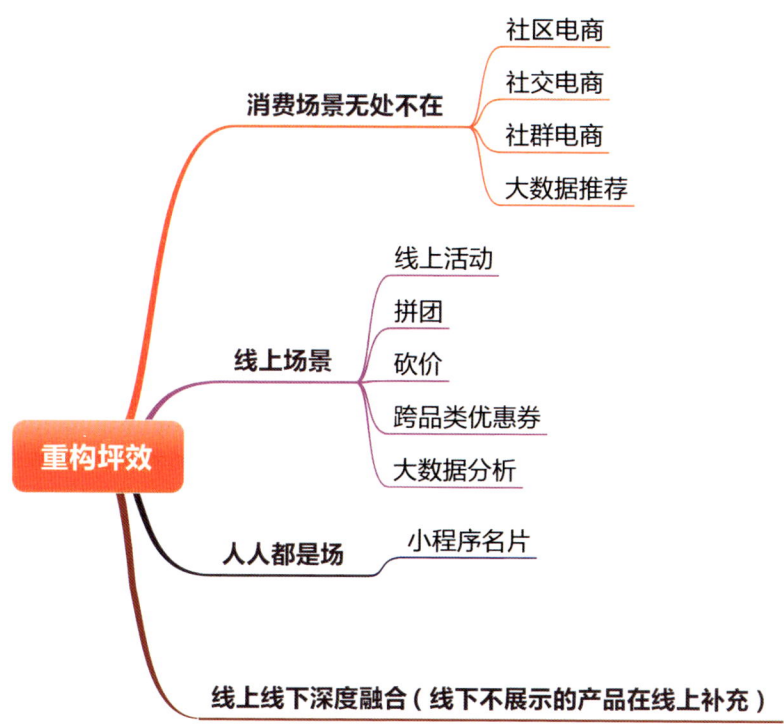

图2-3 重构坪效

（1）消费场景无处不在。在移动互联网时代，消费场景无处不在，包括当下比较流行的社区电商、社交电商、社群电商和大数据推荐，这些都为泛家居企业创造了丰富的消费场景。

（2）线上场景。除了线下场景之外，还有线上场景。线上活动、拼团、砍价、跨品类优惠券和大数据分析等，都为泛家居企业提供了线上消费的场景。

（3）人人都是场。随着新零售的发展，人人都能成为场。每一个人都既是消费者，又是客户，甚至是销售员。所以，未来的泛家居企业可以用一些信息化、数据化的工具来进行赋能。

比如利用微信中带有营销功能的小程序名片，在导购员或者业务员发给客户名片的时候，产品的促销信息也会在名片里面展现出来，同时还可以让客户直接下单采购。这种模式让导购员随时随地都处于销售场景中。

（4）线上线下融合。对于重构场来说最重要的就是线上和线下的融合。让线下场景展示的所有产品都可以销售，以提高坪效。

目前，传统专卖店的展厅如果是卖瓷砖的，展示的就是瓷砖，而其他电视、软装都是饰品，不可销售。

未来的泛家居企业，其空间里展示的所有产品应该都是可以销售的，以提高坪效。

由于线下专卖店的租金比较贵，可以展示的产品有限，但是现在的产品越来越丰富，因此可以利用一些互联网工具，比如展示软件、服务云、客户云等把在线下展示不完的产品在线上展示，做到线下线上融合。

线下的产品可以现场看，线上的产品也可以展示给进店的客户，把空间进行无限的延伸。

当客户回到家之后，泛家居企业还可以通过线上的展示平台把线下的产品展示出来，做到线上线下融合。

同时这些线上展示的产品还可以在线上进行交易，使客户不需要到店里交钱，从而优化了消费场景。

第三章

泛家居企业经营的八大系统性格局思维

泛家居企业经营的八大系统性格局思维如图 3-1 所示。

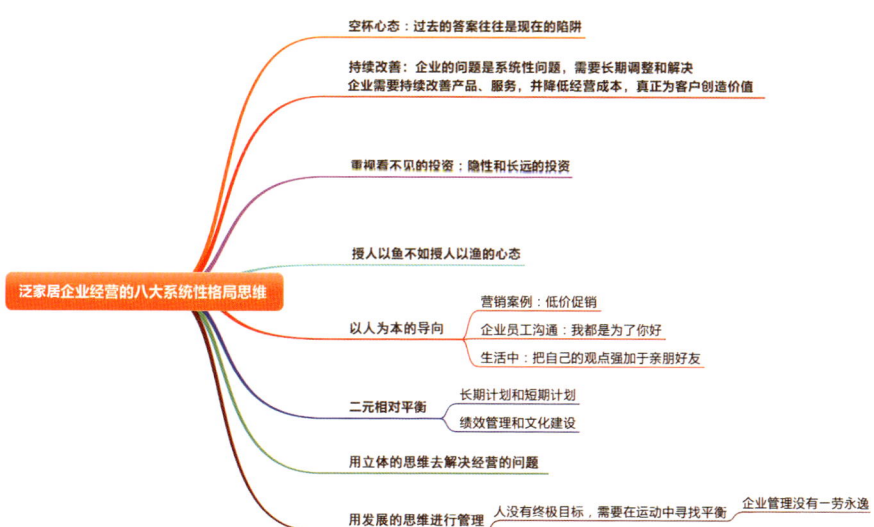

图 3-1　泛家居企业经营的八大系统性格局思维

1. 空杯心态

过去的答案往往是现在的陷阱。著名的科学家爱因斯坦为了教育学生要有这种空杯心态，在第一年考试出了一个题目，在第二年考试出了相同的题目，很多学生第二年的答案跟第一年的答案一样，爱因斯坦给了这些学生零分。

市场变化了，答案就应该不一样。所以我们每一个人应该用空杯心态去面对现在的市场。

2. 持续改善

企业管理问题是一个系统性问题，需要长期调整才能解决，不能用一种理论或者方法解决公司的所有问题。因此，企业只有持续改善产品、服务并降低经营成本，真正为客户创造价值，才能让企业持续经营。

3. 重视看不到的投资

有些企业不重视隐性的或者长远的投资。很多企业在招聘员工时，都希望招来就能用。但是，这往往会产生两个弊端：第一个是成本高，这不符合低成本运作的理念；第二个是能够招来就用，也就有可能马上离开，这种员工忠诚度低，会给企业的发展带来不利影响。

在培训员工的时候，很多企业觉得培训完了之后，没有马上见效，很难坚持去打造一个学习型的团队，因此，不能够长期在培训方面投入。

很多泛家居企业在营销时都会请第三方公司，觉得自己的团队不专业，也不会去培养自己的营销团队，这将导致企业"营养不良，供血不足"。

很多泛家居企业不注重软实力的提升，如不重视信息化、数据化、大数据、人工智能等技术的应用，觉用搞这些太复杂，多找几个人做就行了。如果企业长期这样下去，就会失去竞争力。

由以上所述及案例可知，泛家居企业应该重视这些看不到的投资，提升自身的软实力。

4. 授人以鱼不如授人以渔的心态

泛家居企业的管理者都喜欢"干货"。管理者经营企业时，很多专业老师会告诉他怎样做可以经营好企业。但是老师往往不了解企业的实际情况，给他的东西不一定是他需要的，也不一定有用。因为老师设想的场景跟他的企业场景不是完全一致的，以至于他用了之后没起作用，或者在市场发生变化的时候，他又不知道怎么去应对了，这就不利于企业的经营发展。

所以企业管理者不应该去听外面那些所谓的"干货"，拿来就用的东西都是被人家消化好的东西，企业管理者应该有顶层思维、框架思维，犹如自己找一个钓鱼竿去钓鱼，这样在瞬息万变的世界中，才总能够吃到鱼。

5. 以人为本的导向

以人为本的导向就是一切以人的需求为导向。

泛家居企业的营销活动基本上都是促销，忽视了人的需求，也就是说在很多情况下可能客户买回去的东西是没有用的，它不是一种需求而是一种冲动，这样不利于企业的长远发展。

企业员工的沟通也是这样，很多管理者在跟员工沟通的时候，经常这样说："小王啊，你要好好干，我今天这么教育你，都是为了你好。"这种逻辑是不符合以人为本的导向的，因为如果他不是企业的员工，管理者就不会教育他。

管理者会教育他是因为他是企业的员工，为什么是企业的员工管理者就教育他？就是因为管理者以自己的需求为导向，教育了他之后，他就能为企业创造价值。所以管理员的本质需求是让员工创造价值而不是教育这个员工。所以管理员在员工面前应少说"我都是为了你好"这种"需求"。

6. 二元相对平衡

所有的事情都不是绝对的，通俗一点说就是消除我们对错观。从我们小学的时候，或者说从幼儿园的时候，老师就告诉我们这道题是对的，这道题是不对的，直到我们进了社会之后，还带着这种强烈的惯性，认为自己或别人做得对或者不对。

这种观念对企业管理来说是不利的，因为在管理的过程中，在很多情况下是没有对错的，或者说需要有一个平衡，而我们要兼顾这种平衡。这里强调的二元就是正反。它们之间是相对的，不是绝对的。

> 例如：大家会认为企业的绩效管理跟文化建设之间有矛盾。有些企业说我们企业只要绩效管理就行了，做好了就给钱。但是有些企业说我们不搞绩效管理，做好文化就行了。
>
> 可是这两者之间不是对立的，我们要融合两者，一个企业既要有绩效管理，也要有文化建设。它们遵循二元相对平衡法则。这对企业管理来说是非常重要的原则。

7. 用立体的思维去解决经营的问题

用立体的思维去解决经营的问题，即不用单线思维去解决经营问题，比如我们判断一个员工好不好，不能单纯通过是否迟到来判断，我们需要从多个角度（工作结果、是否忠诚等）去判断。

8. 用发展的思维进行管理

很多人急功近利，想一劳永逸。管理者认为自己设定一个规则，然后让经理或者员工去干就可以了，自己则去游山玩水、打牌，或者搞别的事业。

其实，在市场环境瞬息万变的时代，管理者要在"运动"中去寻找答案。企业的管理从来都不是一劳永逸的事情，犹如我们开车，在开车的过程中，要调整好方向盘。如果毫无行动，那迟早会翻车，因为路不是平的，也没有完全笔直的路。

第四章

数据化经营： 让数据驱动正确决策

数据化经营

泛家居企业要想做好管理，除了将之前的模糊化经营模式转变成数据化经营模式之外，还需要依据一些数据指标。

一、基本指标

很多泛家居行业的人都知道企业经营的基本指标，即收入、毛利、净利润、销售费用、管理费用、财务费用。泛家居企业要想办法让收入最大化、费用最小化、利润最大化。

二、财务指标

除了基本指标外，还有财务指标。

1. 杜邦方程式

杜邦方程式强调的是一种投资回报，投资回报率等于利润除以总资产，对企业经营者来说，投资的钱是总资产，获得的利益是利润，即利润除以总资产等于投资回报率。杜邦方程式如下：

投资回报率（资产回报率）= 利润 ÷ 总资产

把利润和总资产拆开，分别除以一个销售收入和乘以一个销售收入，利润除以销售收入表示毛利率，销售收入除以总资产表示资产周转率。杜邦方程式转换为

投资回报率（资产回报率）= 利润 ÷ 总资产
　　　　　　　　　　　=（利润 ÷ 销售收入）×（销售收入 ÷ 总资产）
　　　　　　　　　　　= 销售毛利率 × 资产周转率

以上将投资回报率分解成销售毛利率和资产周转率，即销售毛利率越高，投资回报率越大，资产周转率越高，投资回报率越大。所以在企业经营过程中要狠抓这两个率。

2. 存货周转率

对泛家居企业来说，最重要的就是存货，接下来介绍存货周转率。存货周转率（次数）反映存货的周转次数。其具体公式如下：

存货周转率（次数）= 销售成本 ÷ 平均存货余额

以上公式表示，存货周转率等于销售成本除以平均存货余额。销售成本就是当期发生的销售成本。平均存货余额的计算公式如下：

平均存货余额 =（期初存货成本 + 期末存货成本）÷ 2

> 例如：本月销售收入是2000万元，销售成本是1500万元，销售成本就是进货的成本是1500万元，期初有可能是1000万元，期末有可能是2000万元，平均存货余额就是期初存货成本加期末存货成本除以2，等于1500万元。

如果平均存货余额是 1500 万元，销售成本也是 1500 万元，周转率就是 1，也就是说一个月内可以把整个仓库的货周转一次，这就是周转率。

同理，存货周转天数等于计算期天数除以存货周转率，即倒除。存货周转天数的计算公式如下：

存货周转天数 = 计算期天数 ÷ 存货周转率（次数）

如上例，周转率是 1，计算周期是 30 天，那整个企业的存货周转天数就是 30 天。

当然，我们算的是一个概数，从企业经营角度来说，最好按照不同的品牌、不同的品类来分析存货周转率和存货周转天数。

存货周转率越高，库存越合理，资产的周转频率也越高，即企业就能用相同的钱做更多的生意。

3. 应收账款的回收期

对泛家居企业来说，零售应收账款的账龄基本上问题不大，因为都是现款现货或者是预收的，没有赊销。

但是随着泛家居行业的发展，工程市场量在不断增大，要做好工程业务，应收账款的回收期就变得很重要了。应收账款的回收期的计算公式如下：

应收账款的回收期 = 应收账款总额 ÷ 每天产生的赊销

以上公式表示，应收账款的回收期等于应收账款总额除以每天产生的赊销。如现在总的应收账款为 1000 万元，每天产生 100 万元的赊销，则回收期是 10 天。

> 例如：一个企业针对工程的赊销条件是一个月，也就是发货一个月之后回收应收账款，但是如果企业实际的回收期是三个月，等于延期了应收账款的回收，说明企业管理有问题，这就会引起资金问题等，所以应该加强管理。

4. 应付账款的账期

从企业经营的角度来说，应付账款的账龄即账期越长，表示企业的资源能力越强，杠杆就越大。所以企业跟厂家之间的授信关系很重要。

5. 固定资产的周转率

对泛家居企业来说，固定资产的周转率应用得不算多，下面简单介绍一下。

固定资产的周转率的计算公式如下：

固定资产的周转率 = 销售收入 ÷ 平均固定资产净值

例如：企业要算月的固定资产周转率，即用这个月的销售收入除以这个月的月初资产净值再加上月末的资产净值除以 2 即一个月的平均固定资产净值。平均固定资产净值的计算公式如下：

平均固定资产净值 =（期初资产净值 + 期末资产净值）÷ 2

固定资产的周转率越高，资产的周转就越快，也就是资金的投资回报率越高，即由投资回报率来看业绩。

第二篇
洞察人性的经营体制

世界管理大师彼得·德鲁克说:"企业的竞争本质是成本和效率的竞争。"

无论是成本,还是效率,都是由人做出来的,因此企业竞争的核心是人才的竞争,得人心者得天下。只有洞察人性的经营体制,才有强大的团队完成企业的使命,实现企业的价值。本篇列举了泛家居企业常见的洞察人性的经营体制。

第五章

合伙人裂变经营模式

合伙人裂变

互联网将地球变成地球村，提高了空间效率；移动互联网将地球人联系在一起，提高了时间效率。随着互联网的发展，市场环境瞬息万变。靠多年积累的传统经验，企业已无法作出正确判断。随着移动互联网的发展，未来泛家居企业的核心竞争力是效率与成本。

因此，有关一线员工的信息要更加准确，以使企业正确决策。同时，在效率制胜的时代，需要挖掘一线员工的潜能。赋能是企业的重要工作。另外，随着经济的发展，人们生活水平的提高，员工的需求也在变化，其对物质的需求在不断下降。

传统的雇佣制的企业，其管理模式的本质是物质的交换。简单来说，员工在企业上班，然后企业发工资给员工，这是一种物质交换。当物质已经不再是员工的顶级需求的时候，如果企业仍然采用传统的雇佣制模式，则可能无法满足员工的需求，也就无法激发其工作积极性。

传统的雇佣制模式，就像绿皮车，当高铁时代来临时，绿皮车终将成为过去。由马斯洛的需求（理论）可知，人的最高需求是自我实现。

因此员工与企业之间的关系由原来的管理与被管理关系变成鱼与水的关系。部门内部员工的关系由原来的同事关系变成相互依靠、相互依存的伙伴关系。因此，合伙人机制时代已经来临。

下面介绍另外一种理论，即心理学家弗里德曼的花钱理论，他说花钱有四种方式，如下所述。

第一种：花别人的钱办自己的事。也叫用别人的钱来办自己的事，这种成本比较高，效率也是高的，但因为花的不是自己的钱，容易浪费。

第二种：花别人的钱办别人的事。即用别人的钱办别人的事，这种成本高，效率低，容易敷衍。

第三种：花自己的钱办别人的事。用自己钱办别人的事，自己会省着花，也就是说成本低，效率低，讲究的是经济。

第四种：花自己的钱办自己的事。这种是成本最低的，但效率是最高的，讲究的是效率。

因此，未来企业制定的合伙人机制要让员工花自己的钱办自己的事。接下来介绍合伙人机制的顶层设计。

首先，合伙人机制的首要组织是母体，也就是企业总部现有的组织架构，对母体来讲，唯一的权衡标准就是健康。因此母体要做好两个核心工作：一个是搞好基础建设，另一个是制定打牌的规则。搞好基础建设，就是要用平台化的思维，做好服务的监督工作。制定打牌的规则就是要成立赋能中心，给员工赋能。

其次，合伙人机制的第二个组织是投资方。投资方的唯一权衡标准是团队的业绩，即员工的努力是不是可以提升团队的效益。因为投资方通常就是高管，他们投资一个店或者投资另外一个平行的项目，评价标准是这份事业跟他有没有关系，即确认跟他的工作有没有关系，如果没关系就不投资。另外，凡是需要投入资金的行业，都需要谨慎考虑。

最后，合伙人机制的第三个组织是创业团队。创业团队是实际进行运作、落地的团队。创业团队的唯一权衡标准是团队成员相互依靠、相互依存。创业团队包括合作伙伴跟总经理。针对总经理人选，因为总经理是总的执行人，要统筹人，一定要获得所有人的认可，所以总经理一定要有领导力。创业团队中一定没有闲人，团队成员之间是相互依靠、相互依存的关系。

创业团队也要出钱投资，总部在选择竞选团队时，一定要考虑让年轻团队参与竞选。年轻团队有两个优点：一个是思维比较活跃，具有创新性；另一个是有助于梯队建设。梯队建设团队的培养，有利于构造未来的创业团队。

合伙人创业的裂变模式有两种：一种是品牌裂变，一种是营销裂变。

品牌裂变也就是产品裂变，比如企业是做瓷砖的，那通过裂变可以做衣柜、橱柜或者其他非标产品。

营销裂变就是开分店，即由一个店变成两个店、三个店，不断地开店。

那这种合伙人创业的裂变模式与自主创业的模式有什么区别？合伙人创业只是利用企业的大平台，在某个方面，进行一种独立自主的合作经营。而自主创业是不管自己喜欢不喜欢，一套企业流程包括工商、税务、资源、资金等的运作都要自己全盘考虑。

因此，有关统计数据显示，采用合伙人创业的裂变模式创业，成功率在 90% 以上，而采用自主创业的模式，成功率为 1%~5%。对于大部分员工来说，进行自主创业缺乏的是全盘操作的能力，但是优秀的员工或者优秀的高管，他们在某个方面有擅长的技能，并且喜欢，而合伙人创业的裂变模式可以让员工做擅长和喜欢的事。

综上所述，这种采用依靠大平台的合伙人创业的裂变模式的创业，投资少，可行性高，见效快。

第六章

阿米巴经营管理模式

一、阿米巴背景简介

阿米巴经营管理模式源于稻盛和夫创业早年的困境,当时他一个人既负责研发,又负责营销,当公司发展到100人以上时,觉得苦不堪言,非常渴望有许多个自己的分身可以到各重要部门承担责任。于是,他把公司细分成所谓"阿米巴"的小集体,从公司内部选拔阿米巴领导,并委以经营重任,从而培育出许多具有经营者意识的领导。

现在很多泛家居企业都对阿米巴经营管理模式感兴趣,不少管理者已经开始大胆地去实践这种经营方式,但大部分管理者不能理解它背后的根本,往往把"阿米巴经营"理解为"简单的内部独立核算和交易系统"。

> 阿米巴一词的来源:变形虫是一种单细胞生物,又被音译为"阿米巴",属原生动物,主要生活在清水池塘,或水流缓慢、藻类较多的浅水中,一般在泥土中也可找到,亦可作为寄生虫寄生在其他生物体内。由于变形虫身体仅由一个细胞构成,没有固定的外形,可以任意改变体形,因此得名。

阿米巴经营管理模式是一种经营方法，简而言之，就是把组织划分成一个个小的团体，通过独立核算制加以运作，在企业内部培养具备经营者意识的领导，实现全体员工参与经营。

二、阿米巴经营管理模式

所谓阿米巴经营管理模式就是将整个企业分割成许多个被称为阿米巴的小型组织，每个小型组织都作为一个独立的利润中心，按照小企业、小商店的方式进行独立经营。比如制造部门的每道工序都可以成为一个阿米巴，销售部门也可以按照地区或者产品分割成若干个阿米巴。

阿米巴经营管理模式不仅是进行现场改善的工具，而且是一套极其合理的、完整的管理体系。

阿米巴经营管理模式成功的关键在于通过这种经营模式明确企业发展方向，并把它传递给每位员工。因此，必须让每位员工深刻理解阿米巴经营的具体模式，包括组织构造、运行方式及其背后的思维方式。如果员工对于阿米巴经营没有一个正确的理解，其结果就是流于形式，出现以自我为中心，为了自己阿米巴的利益而损害其他部门利益的情况，也有可能会因为达成目标的压力过大，而导致员工心理疲劳。

案例：
韩都衣舍阿米巴经营管理模式

对韩都衣舍这家企业有了解的人，都听说过"小组制与二级生态"。赵迎光靠这种模式打造互联网时代的服饰帝国，在创业6年的时间里，使韩都衣舍的销售额从130万元提高到15亿元。

韩都衣舍目前有员工2600多人，这个由一群年轻人组成的互联网公司，它的企业文化也一定是别具特色的。在韩都衣舍，高层领导非常重视文化建设，每个产品部门都设有负责文化和制度建设的职位。而这一职位必须由懂技术，又懂管理的"能人"担当。

同时，这个职位要求必须是副经理级别及以上职位的人才能担任。赵迎光说，当初"政委"这一职位是没有人愿意干的，因为副经理级别及以上职位的人都觉得做企业文化很虚，踏踏实实干业务、挣钱才最重要。所以赵迎光想了一个办法，开始实施的时候故意让部门里的新员工去做。新员工刚进公司什么都不懂，所以在开展部门文化建设的时候一般都做不好。文化建设做不好，团队士气和工作干劲就不足，这个时候部门经理就意识到这一职位的重要性了，于是所有部门经理开始安排副经理或者自己在这一职位。实践证明这一特殊的工作岗位对韩都衣舍的文化建设起到了重要的作用。

资料来源：http://mini.eastday.com/mobile/180401143834198.html#

（一）小组制让员工上厕所时都在想着工作

1. 小组制的责、权、利

韩国有 3000 多个女装品牌，其中比较好的有 1000 个，如果能代购这 1000 个品牌的产品，不就解决了款式不丰富的问题了吗？但这样一来至少需要三个人为一个小组：一个是懂韩语的，一个是会作图、写文案的，一个是管代购的。这就是买手小组的雏形。

与传统的服装销售模式相比，互联网服装销售模式提供了低成本快速试错的可能性。在传统的企业结构下，设计部门、销售部门等大部门随着企业的不断发展，内部的沟通效率会越来越低。能不能把传统的设计部门、销售部门等大部门拆分为一个一个小组？产品设计开发人员、页面制作人员、库存采购管理人员，他们三个人能不能结为一体？在韩都衣舍内部经过讨论后，真正的小组制便诞生了。

韩都衣舍小组制的责、权、利如图 6-1 所示。

图 6-1　韩都衣舍小组制的责、权、利

以小组制为核心的单品全程运营体系是韩都衣舍平台化运营模式的关键。

这个小组的核心是在最小的业务单元上实现责、权、利的统一。

（1）小组的责任。企业会根据今年的销售任务，跟每个小组谈。小组长会根据去年的完成情况以及今年的人员变动等特殊情况，在企业可接受的幅度内定一个完成计划。同时企业会根据销售计划配给小组相应的资源。责任中除了销售额之外，还会包括毛利率、库存周转率等。只有这些都达到了企业的考核要求，小组才可以拿到奖金。

（2）小组的权力。小组的权力基本相当于一个独立网店老板的权力，要开发什么款式、每个款式几个尺码、每个尺码多少件、每个款式有几个颜色、库存深度为多少、销售价格定多少等，这些都是小组说了算。在销售的过程中，是否参加各种各样的促销活动也是小组自己决定的，比如在"双十一"之前，每个小组要上报参与活动的商品和打折力度。企业会根据小组的上报情况盘点库存，然后统一规划营销计划。当然对于非常离谱的打折促销，企业会提醒小组，但最终的决定权还是在小组手里。

（3）小组的利益。业绩提成 =（销售额-费用）× 毛利率 × 提成系数 × 库存周转系数（销售额完成率）。提成系数是按照销售额来分段的，随着销售额的提高，对应的提成系数就会低一些。

2. 产品小组更新自动化

很多人关心韩都衣舍的小组是如何淘汰的？赵迎光做了一件事，就是进行每日销售排行。每日早晨在QQ群里公布这些小组的销售排行。大家会拼命干活，想尽一切办法让自己小组的排名往前走。

另外，设定一定的奖励分配机制，比如上个月拿了2万元奖金，组长通常会给自己留一半，另外两个人各5000元，或者一个人6000元，一个人4000元。但是几年之后如果还是这样分配，拿5000元的两个人会怎么想？他们会想："我也是设计出身，我也有生活压力，一直拿这么少怎么可以，我也要当组长！"

同时如果一个小组经营不好，上个月的奖金就只有2000元，这时这个组长宁可自己不要，也要给另外两个人一人1000元，这是符合人性的。那两个人可能会感激组长，但他们还会继续在这个组里工作吗？答案是不会，他们会觉得跟着这个组长干没前途，自己要重新组合。

遇到这样的情况怎么办？韩都衣舍是允许自由组合的，甚至如果自己有精力和能力也可以一个人成组。但这时又出现问题了。

第一，如果有人确实是因为能力不足，没有人愿意跟他成组怎么办？第二，可以自由组合，那这些小组是不是不稳定，大家经常随意组合怎么办？

针对第一个问题，赵迎光给出了解决方案。在韩都衣舍有大概1/3的人是"小学老师"，也就是业务能力不是很强的人。老员工不愿意跟他成组，这些员工就有了另一份工作——带新员工。这其实会给企业省一部分培训费用。可如果新员工跟他干了一段时间后又走了，怎么办？那就继续再带新进来的员工。还有一项规定是，组员走了之后，走的组员在新的小组拿到奖金之后要将10%交给老组长，持续一年时间，算是培训费，这样老组长就不会很讨厌走的人了。对这些"小学老师"来说，这样的"培训费"其实也是一笔收入。

针对第二个问题，赵迎光说小组制其实将很多人性的因素考虑在内了。如果小组里有人有了其他想法，也就是想离开自己的小组了，那风险和成本也是很高的。如果他私下寻找想成组的人失败了，自己组里的人就会知道，这时组长在分配奖金的时候会给有外心的人分得很少，而且以后几乎也不能再待下去了。所以小组制在人性因素的基础上稳定性其实是很高的。

3. 不是去组织化，而是再组织化

小组多了怎么办？如果每个小组随意去做产品，去抢占市场，不是很乱吗？赵迎光很早就想到这个问题了，现在每3~5个小组就会变成一个大组，每3~5个大组就会变成一个产品部。

有了大组，有了产品部，每个小组就都开始变得专业化了，有专门做牛仔裤的，有专门做连衣裙的。在部门内部也有竞争与合作，如果只有小组，就有一个问题：自己小组如果在运营上有一个非常厉害的技巧，因为大家都是竞争关系，那自己小组的这个技巧就不会跟别的小组分享，但部门成立后，小组的利益都有了关联，于是内部就有了分享和交流，竞争与合作开始良性循环。

4. 互联网上的"阿米巴模式"

目前韩都衣舍有280多个小组，在最小业务单元上实现了责权利的统一。不仅服装行业，大多数其他行业也可以这样操作。韩都衣舍在互联网上重新定义和应用阿米巴经营管理模式。如果在最小的业务单元上实现了责权利的统一，企业就变成了公共服务平台。

小组制有三个优点：一是动销比高、库存周转快；二是业务员的主观能动性极强；三是自主经营体责权利清晰。

小组制可以做到大的共性与小的个性结合，所有非标准化的环节全部由小组来做；所有标准化的环节，由企业来做，再加上人资、财务、行政部门等，就实现了韩都衣舍组织架构的三级管理。

（二）二级生态是韩都衣舍的长期战略

韩都衣舍近期宣布，将全面开放九大系统，打造二级生态系统，进入互联网品牌生态系统阶段，即韩都衣舍4.0。所谓二级生态，是在阿里巴巴、京东、唯品会等平台构建的一级生态基础上，依托数字化商业智能系统打造的系统。核心就是为国内传统品牌、国际大牌、网红品牌、初创品牌等提供线上生态运营。

打造二级生态系统意味着韩都衣舍从最初的品牌商角色转变为兼具品牌商和服务商的双重角色，也就开启了"品牌商＋服务商"的双轮驱动模式。

截至目前，韩都衣舍运营的品牌数量有100多个，其中自有品牌（含合资品牌）达到22个，云孵化品牌（代运营品牌）超过60个。

韩都衣舍集团的商业模式如图6-2所示。

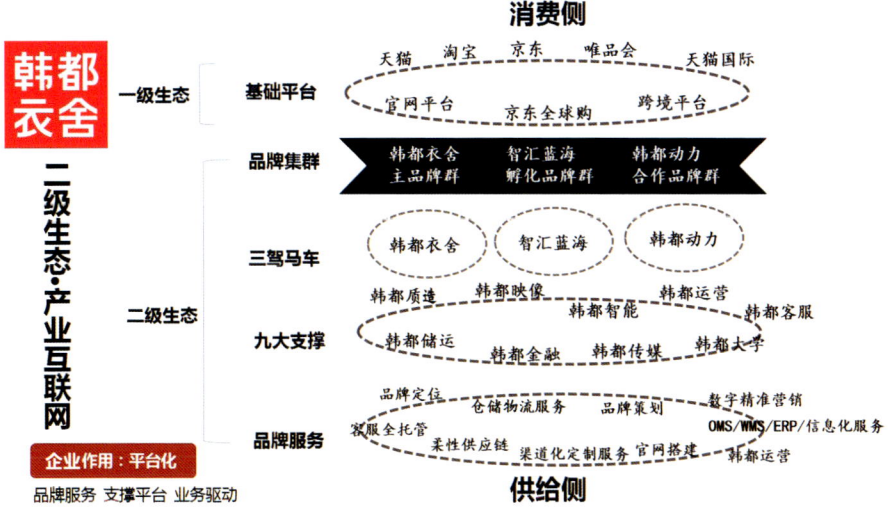

图6-2 韩都衣舍集团的商业模式

图 6-2 展示了韩都集团的商业模式：通过构建基于互联网品牌的二级生态，打通从供给侧到消费侧的全链条数据化运营通路，实现从消费互联网向产业互联网的进化。

为什么其他企业愿意选择韩都衣舍的服务？

互联网时代品牌强调定位的相对细分，要求相对精准的定位。有时，某一品牌虽然有发展潜力，但互联网竞争是一个全国性的竞争，对后端资源的要求很高，品牌发展会因此受到限制。

韩都衣舍有大量资源可用，可解决上述问题。如果某个小品牌独立在韩都衣舍体系之外，各种好的资源它都无缘使用，只能用最差的资源，竞争起来成本是相当高的。

一个品牌的运营首先是品牌运营和销售运营。对韩都衣舍来说，品牌运营更有价值。韩都衣舍有多年做品牌的经验，品牌战略知识、能力很强。然后是系统集成的资源。最后是后续的供应链、客服等基础运营资源。基础运营资源指客服、仓储、供应链，集成资源指外部的 IT、网红。

韩都衣舍在服装领域积累了大量资源，但在非服装领域的优势是什么？

新零售的本质是"以大数据为基础，以商业智能为驱动"，利用商业智能乃至人工智能对整个运营体系进行控制的能力，是新零售的核心能力。韩都衣舍做的是二级生态，品牌运营和销售运营都是在全新的商业智能系统下进行的，这种能力是大部分企业所不具备的。

韩都衣舍更大的优势在于销售运营。随着合作品牌规模的不断扩大，韩都衣舍会把商业智能的运营系统慢慢导入进去。如果合作品牌规模比较小，应以基础运营为主，因为商业智能系统对品牌方的综合运营要求比较高。在互联网时代，销售运营的逻辑总结为一句话就是：以爆旺平滞算法为核心的 C2B 运营体系。它的算法与线下完全不一样，如果运用得当，就有很强的攻击力。

传统企业的销售模式是 B2C 模式：首先凭经验和一些市场调查，尽可能猜消费者会喜欢什么，然后大量生产铺货，终端会根据实际的销量，来进行销售运营，销量好的主推，销量不好的调货或者打折清仓。B2C 的模式里有很大的"赌"的成分，赌对了，卖得好，赌错了，就卖得不好。

在互联网时代，消费者每时每刻在贡献大量的免费数据，比如，浏览量、浏览时长、收藏等，品牌方可以少量（理论上可以是 1 件）上货，通过"爆旺平滞"算法来决定是否生产，以及生产的数量等。

例如，传统的服装品牌，夏装要到 3 月份才上架，但韩都衣舍 12 月或者 1 月就开始上架，虽然几乎没有实际销售出去，但是大量多维度的数据可以为"爆旺平滞"算法所用，指导品牌方进行生产订单的决策，这些都是互联网时代才有的。

与"爆旺平滞"算法配套的，还有一个核心算法：量本利算法（产量成本利润分析）。即考虑卖得好的商品，在哪个时间点上，翻单生产多少是合适（不会产生积压）的；卖得不好的商品，需要打折的话，打多少折扣是合适的。

这个算法可以提供相对精确的数据分析结果，这样运营效率就会非常高。要做好商业智能，必须以大数据为基础，建立全面的数据仓库。还要有体系保证一切业务数据化，做到一切数据业务化，形成大数据支撑的商业智能运营体系。

泛家居企业实施阿米巴经营管理模式的 5 个条件如下所述。

第一个条件是企业内部的信任关系。作为经营者，要相信员工的能力，因为企业发展需要依靠员工智慧。同样作为员工，必须抱有自己的努力和智慧关系到企业、客户甚至自己的长期利益的信念，只有这样才能实现全员参与式经营。无论是经营者还是员工，必须把经营建立在互相信任的基础之上，这也是实现阿米巴经营的最基本条件。

如果缺乏这一条件，就无法把一些重要的经营信息公布给员工。在一种总担心企业信息会遭到泄露的状态下，企业是无法实现全员参与式经营的。员工不是单纯可利用的工具，而是经营共同体中的一员，经营人必须要有这样的认识。正是基于这一点，京瓷的阿米巴经营并没有把阿米巴的业绩和员工的报酬挂钩。

第二个条件是数据的严谨。如果做不到这一点，阿米巴经营就无法真正发挥作用。保证数据严谨的关键是经营者要有严肃认真的态度。各阿米巴对待数字必须要有严谨、追究到底的精神。有了这种严谨和追究的精神，才能发挥员工的智慧力量，实现阿米巴经营。

第三个条件是及时把数字反馈给现场。阿米巴经营是一种让现场员工根据数字进行判断、采取措施的制度。因此，必须及时把数字反馈给现场。如果等到一切都无法挽回的时候，再把数字反馈给现场并追究现场的责任，会严重打击现场员工的积极性。因此，必须建立一种能够及时把数字反馈给现场的机制。

第四个条件是时常检查阿米巴的编成是否符合工作特性（尤其是工作流程），现有的制度与流程是否足够细致到可以独立切割。现代企业经营越来越重视灵活性和速度。如果阿米巴的分割和工作特性不符，就有可能在某些环节出现差错或无法灵活处理发生的问题。因此如果发现有比现在更利于发挥阿米巴潜力的编成办法，要毫不迟疑地进行分裂或合并。而且这项工作要由熟知现场的阿米巴领导人来做。为了保证阿米巴经营的正常运行，必须如此反复检测阿米巴状态，根据需要灵活改变阿米巴的编成。

  第五个条件是员工素质及格局。现场员工如果缺乏一定的知识，就无法根据经营数字发现问题并找到合理的解决办法。这就需要基于实际案例加强现场员工的教育，高层管理人员或经营者要有和阿米巴成员一起解决问题的姿态。尤其在引进阿米巴经营管理模式的初级阶段，这种教育必不可缺。

  各阿米巴之间应该分享解决问题的智慧。企业在解决员工素质问题的同时，也应该培养员工的格局观，使员工面对阿米巴与阿米巴之间、阿米巴与总部之间以及公司灰色地带的问题时，不计较太多，否则企业会因为小事产生大量的内耗，既浪费了时间，又降低了效率，甚至导致员工之间的不和谐。

第三篇
执行力系统

企业战略和企业思维可解决企业方向方面的问题，而一个企业的成功，一定需要一套强有力的执行力系统，执行力是把企业战略、规划转化成效益、成果的关键。

其实，很多人并非没有思路，不是没有方向和方法，对未来也不是没有规划，甚至规划得还挺不错。但是，苦于执行力太差，总是只停留在计划阶段，没有付诸实际的行动。

正因为如此，再大的志向也成了笑话，再好的计划，也只是水中月，镜中花。

孙正义有句话说得好，**"三流的点子加一流的执行力，永远比一流的点子加三流的执行力更好"**。

第七章

工作规划 7 步法

工作规划是考评团队协同能力的一项基础能力，团队的工作有良好的规划，才能做到有的放矢，上下同欲。提升工作规划能力的 7 个步骤如图 7-1 所示。

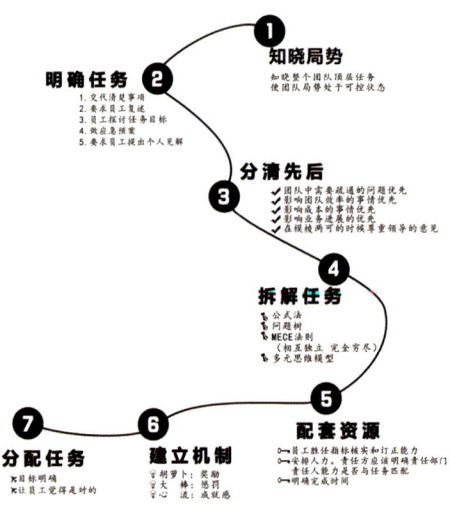

（1）每一个员工应该知晓自己所负责领域工作的目标与管控的关键点；管理者要能够及时知晓整个团队的顶层任务，一旦掌控了这些顶层任务，整个团队就处于一种可控的状态。

对于管理者来说，顶层任务通常都是用工作清单的方式表现出来的。图 7-2 所示为非销售任务的掌控表，即非销售类管理岗位的工作清单。

图 7-1　提升工作规划能力的 7 个步骤

2019年研发中心进度一览表

工作进度：需求确认、设计、确认、原型、体验、开发、测试、打包、完成

模块名称	类别	功能名称	负责人	工作进度	状态	进度	预计完成时间	补充说明	对接人	今日表格更新
协同工作合	其他	小区扫楼	陈振东	设计	已完成	100%	2019/3/27			
			张恒飞	原型	已完成	100%	2019/3/27			
			张恒飞	开发	进行中	75%	2019/4/10			
			许朋文	开发	已完成	100%	2019/4/5			
			许朋文	开发	进行中	50%	2019/4/16			进度时间
			张森雨	开发	进行中	75%	2019/4/9			进度时间
APP	云终端	百度人脸识别	陈晓鹏	开发	未开始	0%	2019/5/31	苹果开发		时间
			陈德汉	开发	进行中	25%	2019/5/20	安卓开发		
			陈振东	体验	未开始	0%				
			倪梓浩	测试	未开始	0%				
		细节优化	陈晓鹏	开发	已完成	100%	2019/4/10			
	协同	腾讯云TM	陈晓鹏	开发	进行中	10%	2019/4/20	苹果开发		
			陈德汉	开发	进行中	50%	2019/4/20	安卓开发		
			陈振东	体验	未开始	0%				
			倪梓浩	测试	未开始	0%				
	电商	侧滑功能	陈德汉	开发	已完成	100%	2019/3/15			
		原生支付	陈德汉	开发	已完成	100%	2019/3/28	支付宝、微信支付		

图7-2 非销售任务的掌控表

图7-2包括模块名称、负责人、类别、工作进度、进度说明及预计完成时间等。

管理者要管理工作清单，让工作清单有序，并且分先后顺序产生出结果，这样就可以知晓整个部门或者中心的局势。

（2）规划好顶层任务后，接下来就需要明确任务。明确任务的核心就是明确任务的目标，真正理解这个目标是什么，因此管理者要阐述某项工作安排要达到什么目标，确定达成目标的关键要素，以完成任务。

明确任务的5个步骤如图7-3所示。

图7-3 明确任务的5个步骤

一定要记住明确任务的5个步骤，这有助于管理者跟客户交流。或者管理者在分配任务、沟通任务或明确任务的时候使用这5个步骤，来把任务交代好。因为任务没交代好或者使员工理解不清就等于顶层出现了问题。因此管理者要详细地了解任务的交接、任务的交代。

下面详细介绍明确任务的5个步骤。

第一个步骤是交代清楚事项。要把这个任务交代清楚，就要用根枝叶的思维让员工容易理解和记住。

第二个步骤是让员工复述。当管理者把任务用根枝叶的思维交代好之后再让员工复述一遍，因为有的时候管理者说的，有可能员工没有完全听到、完全接受、完全理解。

第三个步骤是跟员工探讨任务目标，即完成这个任务的目的或者初心是什么。具体来说为：为什么要完成这个任务，完成这个任务有什么好处、有什么目的，在什么场合下要完成这个任务。

第四个步骤是做一个应急预案。当这个任务处于特殊情况时有什么应急预案，对此管理者也要跟员工一起探讨清楚。

第五个步骤是要求员工提出个人的见解，即问员工"你觉得这样做行不行？""有没有困难？"。当管理者安排任务时要让员工觉得这是他应该做的，并且做完之后对他自己或者对公司有明显的帮助，那员工就有完成任务的动力了。

因此管理者在安排工作的时候要明确任务，并且让员工觉得这是自己要做的事情。

（3）对于每一个接收任务的员工来说，可能他手头上的任务很多，在这种情况下管理者要分清任务的先后顺序。

因为如果不分清任务的先后顺序，员工就不知道先做哪个、后做哪个，导致出现先做了不紧急的，因没人催做完了也就放在那里，而紧急的领导就拼命催，却又还没去做的情况，以致工作混乱。

通常情况下员工在接到工作任务后会出现用考试的思维去做的情况。

什么叫考试的思维？考试的时候我们会把简单的先做完，因为时间有限，剩下的题目不会做就放弃了，这样我们也能及格。但是对工作来说这种思维是行不通的。因为有些简单但不紧急的工作可以下个月再做，但是复杂却紧急的工作一定要先做，否则没办法完成任务。

我们对待任务要以结果为导向。如果用考试的思维来说，100分的卷子得了99分，就很厉害了，但在工作中，99分等于没有结果。所以不能用考试的思维去完成任务。

那要怎么做呢？下面详细介绍分清先后顺序的五个优先原则。

第一个是救火优先。也就是说对于团队中需要疏通的问题要优先解决，比如客户的服务器上不去要不要优先解决呢？是先帮客户解决一个报表查看的问题，还是先解决服务器上不去的问题呢？答案是先解决服务器上不去的问题，因为服务器影响着整个公司的运作。

第二个是影响工作效率优先。

第三个是影响经营成本优先。

第四个是影响销售的、影响业务进展的优先。

第五个是在实际运作的过程中可能会遇到一些模棱两可的情况，则领导意见优先。

当手头上有很多工作但领导又给自己安排工作的时候，员工一定要把手头上的工作跟领导讲清楚。比如："王总，我现在在做 XX 工作，我是优先做您现在安排的工作，还是等我做完 XX 工作之后再做您现在安排的工作？"这样大家一起商量，就可以达到上下同欲的效果。

因为任务是永远做不完的，但资源是有限的，所以一定要利用有限的资源做到效率最高。

（4）当明确了这个任务要做之后，就要分解任务，否则就会把简单的问题复杂化，不容易完成任务。

分解任务时，最好能够细化到每项工作，像两天的这样一个时间段，细分到每项工作，要小于或者等于两天的工作量，而不能把一项工作分解成一个月才能完成，或者说一年才能完成。这样这个任务就没有办法进行进度的控制。所以每项细分的任务要以两天为一个时间段。

分解任务的 4 个步骤如图 7-4 所示。

图 7-4　分解任务的 4 个步骤

1）公式法。完成任务的细节组成部分是可以用一个公式导出来的，比如总经理的任务是把握方向，团队建设，梯队建设，开发和管理客户、产品和服务以及销售。以上基本明确了总经理的任务由哪几项任务组成。一个公式就是一道填空题，即由哪几项任务组成。当然这也可以理解为一个任务的顶层设计。用根枝叶的思维来说，最新的任务就是一个根任务，根任务只是把握了一种局势，实际操作时要把根任务分解。

2）问题树。把由公式法定义的这些根任务进一步用导图的方式分解开来，不断地细化，即用根枝叶的思维细化到每项工作，使每项工作不超过两天的工作量。

3）MECE法则。设计导图的时候，要遵循 MECE 法则，这个法则是麦肯锡提出来的。在分解任务即将任务清单化的过程中，要遵循两项法则：一项法则是任务与任务之间是相互独立的，不能够有包含的关系；另一项法则是完全穷尽，有任务就要列出来，不要有遗漏，并且不要重叠。

MECE 法则 5 个方法论如图 7-5 所示。

二分法
国内、国外

过程法
售前、售中、售后

要素法
优秀员工的7种品质

公式法
销售额=
客户数量×客均单值

矩阵法
重要、不重要、紧急、不紧急任务分类

图 7-5　MECE 法则 5 个方法论

- **二分法**：例如，我们把事情分成是国内与国外的，这两个是没有包含关系的。如果是分成中国与北京的，则有包含关系，因为北京是属于中国的。
- **过程法**：例如，售前、售中、售后，是按照过程进行划分的，这属于过程法。
- **要素法**：例如，优秀员工的 7 种品质，这属于要素法。

- **公式法**：例如，销售额等于客户的数量乘以客均单值，这属于公式法。
- **矩阵法**：例如，我们把任务分解成象限，就是矩阵，4个象限分别以重要、不重要、紧急、不紧急来进行分类，这种方法叫作矩阵法。

4）多元思维模型。从多个维度看待问题。

以上是在进行任务分解时常用的一些方法，希望读者在实际工作中能够用到。

（5）分解任务之后就要进行资源配套，即根据工作性质调兵遣将，合理安排任务。

配套资源的3项关键工作如图7-6所示。

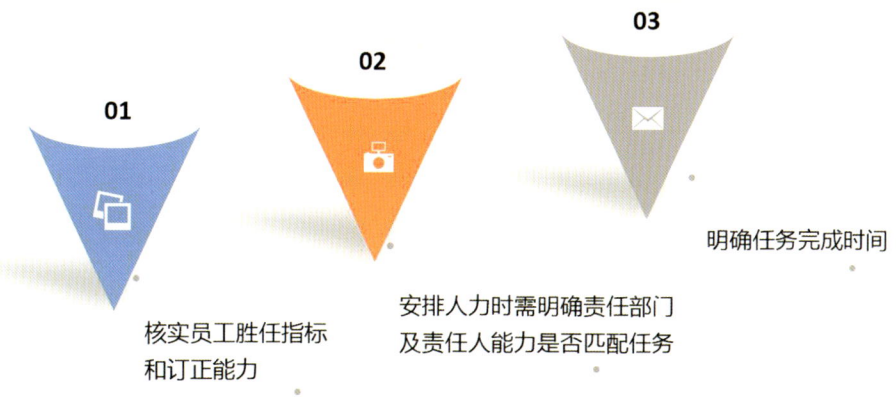

图7-6 配套资源的3项关键工作

（6）确定好任务由谁来完成之后，就要建立有效的机制，不能认为把任务安排下去之后，任务就结束了，这对管理者来说是大错特错的。

建立有效机制的方法就是充分利用胡萝卜、大棒与心流。胡萝卜是奖励，大棒是处罚。最高的境界是不奖不罚也能够自动运转，这叫作心流。我们要发现员工的心流，每个员工的心流阈值是不一样的。

什么叫心流?

如果不断地给员工太简单的事情做,员工会觉得重复做简单的事情很无聊;如果总给员工太复杂、太难的事情做,员工会充满焦虑。

心流就是简单与复杂、无聊与焦虑之间的一个平衡点。具体来说就是这项工作自己刚开始不知道怎样做,但是通过自己的努力,发现原来自己是能够做的,这种情况下自己体内就会产生一种愉悦感,这就是心流。

因此管理者在安排工作的时候,要注意把控好心流,特别是对于技术型的员工。

(7)最后是分配任务,定好游戏规则后,就要把任务分给每个员工,分配任务时要注意两点:一是要明确目标;二是要让员工觉得这样做是对的,并且这样做了之后对自己、对公司有意义,这样员工就能很好地完成任务了。

第八章

执行力的**七大管控系统**

执行力的七大管控系统如图 8-1 所示。只要把这七种方法应用到实际工作当中，并且融会贯通，一定会大幅提升团队的执行能力。

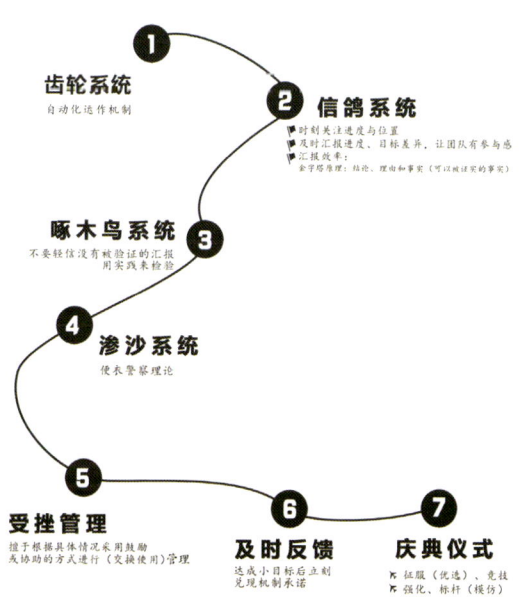

图 8-1　执行力的七大管控系统

1. 齿轮系统

齿轮系统是一个自动化的运作机制，就像齿轮一样上一个齿轮带动下一个齿轮，如果上一个齿轮不转，下一个齿轮就没办法转。例如，不看留言板，就没办法填工作日志，这就是一个齿轮系统。

2. 信鸽系统

信鸽系统就是时刻关注进度和位置，让员工在做任务时，随时反馈信息，做到每天、每周都汇报进度或与目标之间的差异，让团队、参与人员，或上级领导有参与感。及时汇报要运用金字塔原理，即运用根枝叶的思维。同时在汇报时要从结论、理由、事实这三个方面来进行。

3. 啄木鸟系统

啄木鸟系统就是不断地检查、监督，不轻信那些没有被验证的报告。有些时候，可能员工汇报得不清楚，或者只汇报了一半，导致管理员对系统的判断缺乏系统性，所以要去验证和实践，这样才能做到正确决策。

4. 渗沙系统

例如，技术部的人员可以故意做错一些工作，让品管部的人员去检查，看他们能不能检查出来，没有检查出来就表示渗沙没有被拦截。这也是检查员工有没有认真工作的一种方法。

5. 受挫管理

在执行任务的过程中，受挫是很正常的事情，当员工受挫时，作为领导者，或者管理者可以用两种方式处理。

（1）根据情况来进行鼓励。例如："小王，你今天没完成任务吗？你这么优秀，能力这么强，上次更难的任务都被你完成了，这次一定也能完成。"这叫鼓励。

（2）协助。当看到员工的能量已经用尽了时，领导者或者管理者应该协助他，或者找资源来协助他，这样他就会觉得遇到问题时有人帮助他，以后就愿意去接受更多的挑战，否则第一次受挫了，下次就不敢再接受挑战了。这是对受挫过程的管理。

作为管理者，要充分利用鼓励和协助，并交换使用这两种方式。不能每次遇到挑战都去协助他，导致他认为反正领导都会协助我的，完不成任务也没关系，这会给他一种负强化；当然也不是每次都要鼓励他，自己干不好还希望被鼓励，这会导致员工在精神上依赖他人。

6 及时反馈

当完成任务或达成小目标之后，管理者一定要立刻兑现机制的承诺，不能等到一年半载之后再兑现，甚至有些管理者会等员工把任务做完之后来申请奖励，这种不及时的反馈会降低员工的积极性。

7 庆典仪式

在兑现奖励时，要有仪式感，以一种庆典的方式来兑现。例如，企业的 PK 文化就是一种庆典仪式。

第四篇
营销与销售

当前泛家居企业的营销不缺思路,因为全国的营销思路基本上就20多种,其问题是,同样搞一场直播活动,获得100个业主报名,有些企业可成交50%,有些企业才可成交23%,客均单值有些企业可以做到6万~7万元,而有些企业却只能做到几千元。这就是差距,这种差距不是营销思维的差距,而是营销管理和营销工具的差距。

第九章

游戏化销售管理

一、CRM 管理销售新动向

随着时代的变迁，90 后、00 后销售人员涌现，同时各泛家居企业面对乏力的销售市场，正需要有激情、有活力的销售人员，而 90 后、00 后喜欢个性、时尚，则可以搭建洞察人性的游戏化平台，把销售变得有趣，激发销售人员的激情。游戏化平台的设计要求如下：

诱人深入的目标：清晰的月度任务、完成率。
明确清晰的规则：提成核算简单、有效。
轻而易举的进步：可视化的业绩成长（环比）。
大张旗鼓的反馈：及时公布各项榜单、及时庆典。
逐步升级的挑战：PK 机制。
不可预见的悬念：设置不可预见的奖励。
极高的参与积极性：自愿参与。
令人痴迷的社交互动：分享朋友圈。

下面以一个汽车客户管理 App 为例，从目标管理、过程管控、及时反馈、PK 与摇奖方面对 CRM 管理进行介绍。

（1）目标管理：销售目标及完成情况、收入目标及完成情况、积分目标（关键动作积分）如图 9-1 所示。

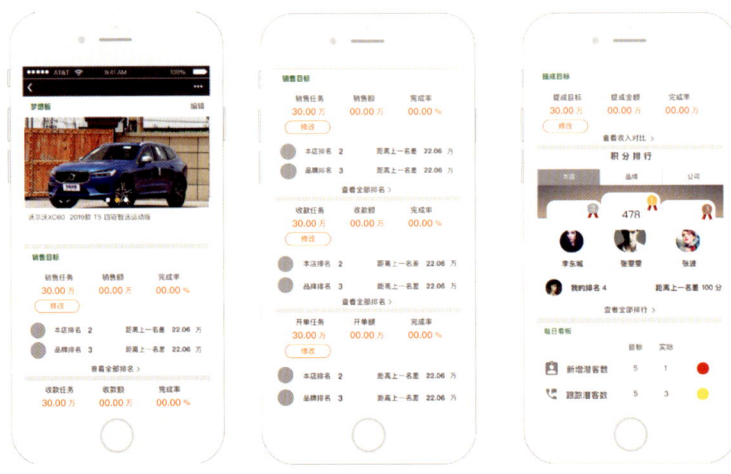

梦想板　　　　销售目标　　　　收入/积分目标

图 9-1　目标管理示例

（2）过程管控：每月/日看板、目标（动作分解）如图 9-2 所示。由过程管控可以清晰地看到员工的成长。

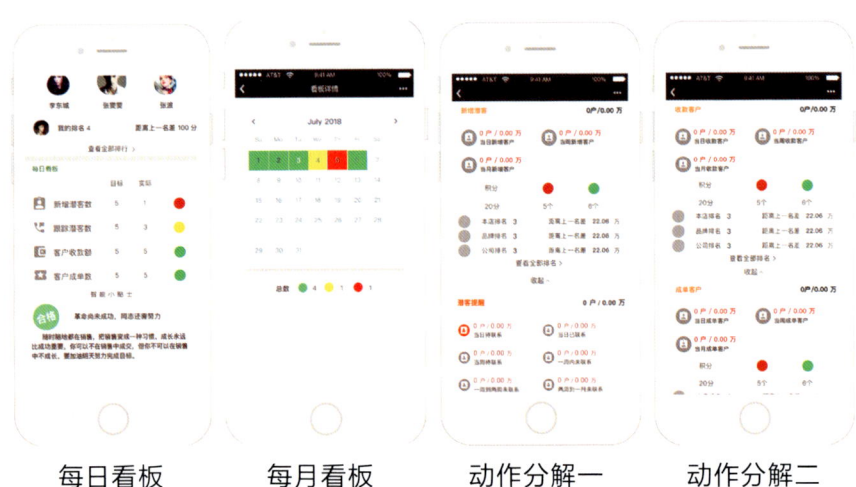

每日看板　　每月看板　　动作分解一　　动作分解二

图 9-2　过程管控示例

（3）**及时反馈**：将业绩、积分等进行及时的播报与排行，如图9-3所示。

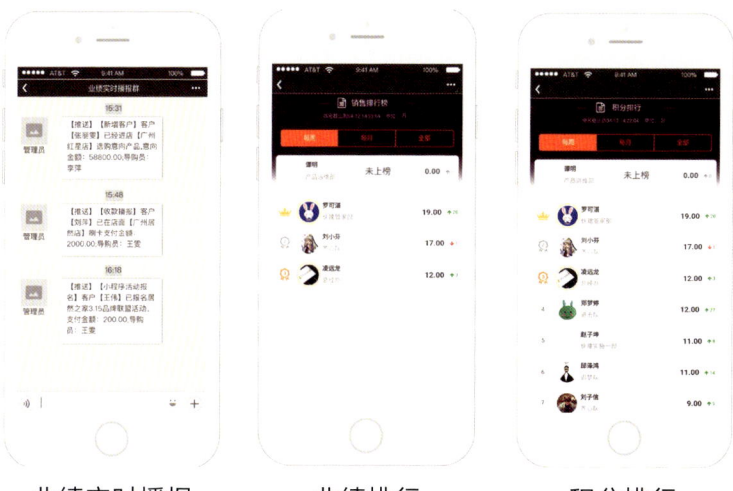

业绩实时播报　　业绩排行　　积分排行

图9-3　及时反馈示例

（4）**PK与摇奖**：可随时发起PK（挑战），可以围观、下注。获得积分后还可参与摇奖，以获得不可预见的奖励，如图9-4所示。

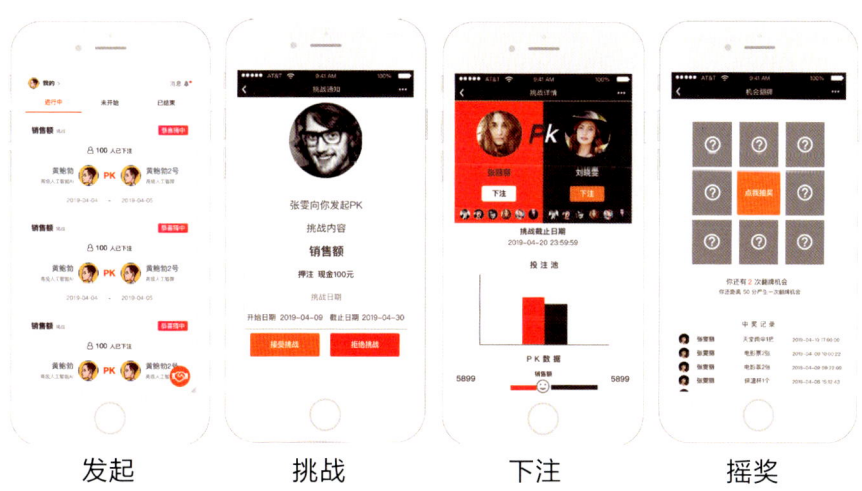

发起　　挑战　　下注　　摇奖

图9-4　PK与摇奖示例

二、微信小程序

微信小程序应用范围广，使用便利，用于销售客户引流再顺其自然不过了。现在，超级个人时代已经来临——人人都是品牌，人人都有资源、人人都是销售员。可利用的微信小程序具体如下所述。

超级名片：名片/保存/分享、商城、购物车、动态。

超级设计师：名片/分享、作品、预约/报备、动态。

线上活动：可用于售卡活动、现金券活动、抢购活动。

拼团：多人成团带客，逼单客户，裂变客户。

砍价：互惠心理，单品砍价，可用于做库存清仓处理的促销方案。

优惠券：电子优惠券，与微信卡包打通，解决连单/带单问题。

三、智慧门店客流分析

泛家居企业销售漏斗如图 9-5 所示。

图 9-5 泛家居企业销售漏斗

管理者对门店客流的焦虑具体来说有以下几点：

（1）市场能给门店带来多少客流？
（2）有多少客流进店？
（3）有多少新客户？
（4）有多少老客户？
（5）跨店客户关注过哪些产品？这些客户是哪个导购接待的？接待了多久？说过什么话？
（6）老客户关注过哪些产品？上次报价如何？沟通过哪些内容？

下面介绍智慧门店客流分析系统的工作原理，如图9-6所示。

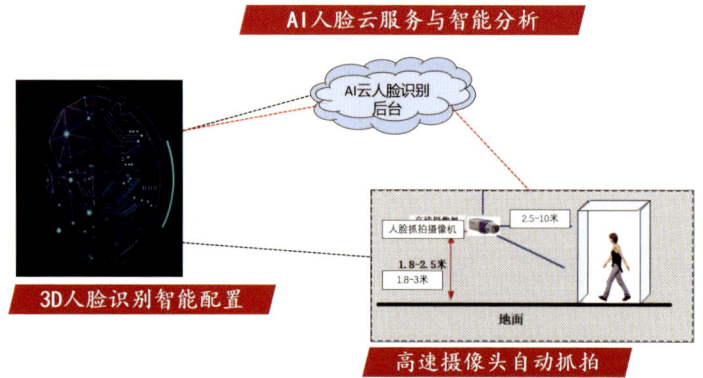

图9-6 智慧门店客流分析系统的工作原理

智慧门店客流分析系统能解决的问题：

（1）新客户（第一次进店）：提醒到门店微信群，新客户确定为潜在客户并为其建立档案，绑定头像，填写客户信息、意向产品。

（2）老客户（第二次进店）：提醒到专属导购，且能查看客户详情。

（3）跨店客户：若是跨店新客户则提醒到门店群及专属导购；若是跨店老客户则提醒到所有专属导购，均能查看客户详情。

（4）门店客流看板：当日、当周、当月、当年的进店数、未分配数、新客户数、老客户数、无效客户数分析。门店客流看板如图9-7所示。

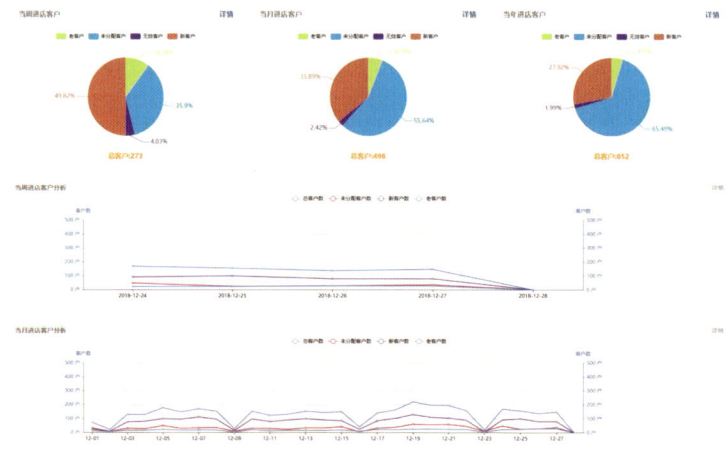

图9-7 门店客流看板

第十章

计划管理

为什么员工、管理者要做计划?

泛家居企业销售人员的计划应包括哪些内容?

怎样的机制才能使员工、管理者把做计划这项工作坚持下去?

如何真正利用好计划以促进销售任务的达成?

计划管理导图如图 10-1 所示。

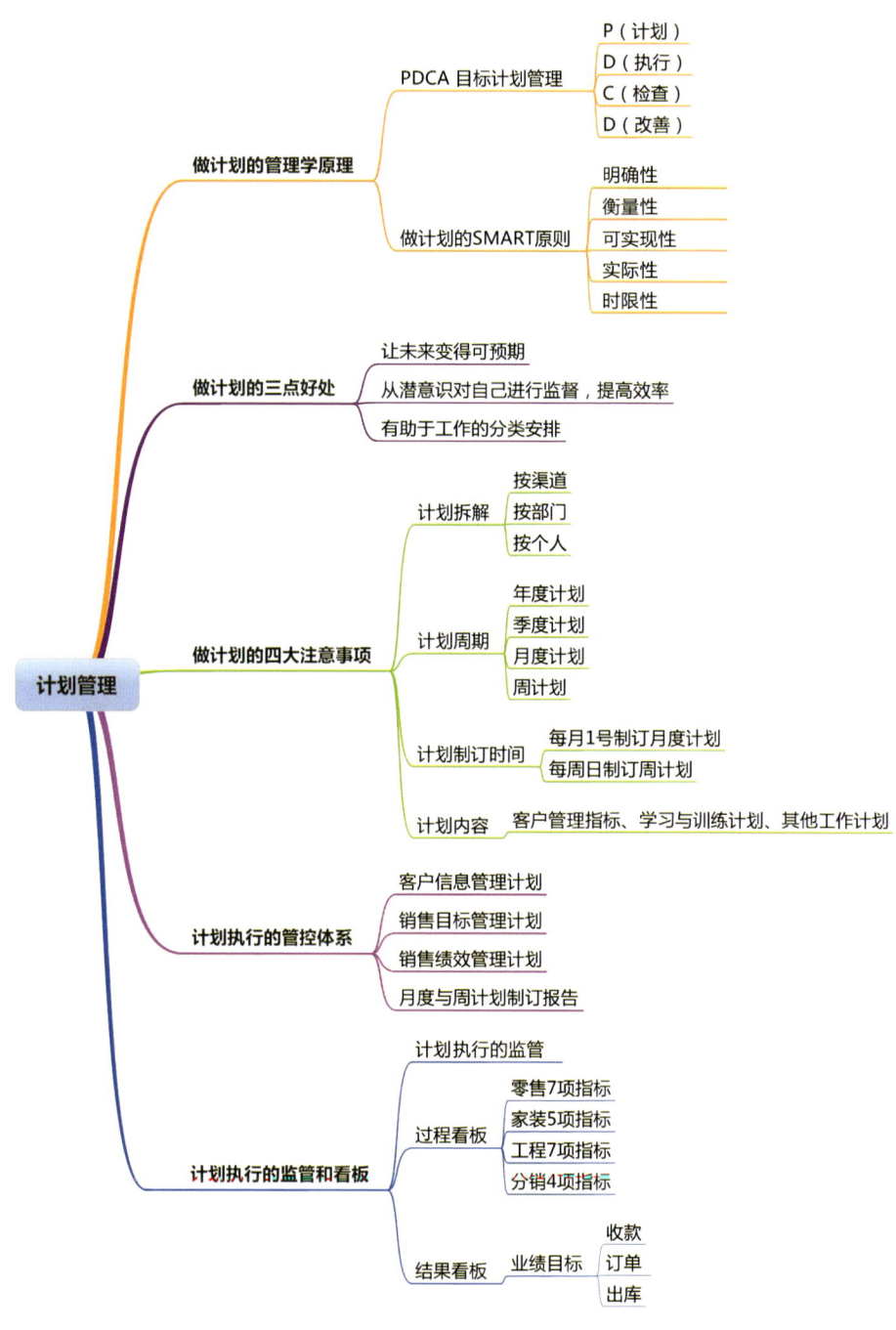

图 10-1　计划管理导图

一、做计划的管理学原理

1. PDCA 目标计划管理

现在泛家居销售企业普遍存在两种极端的管理状况：一种是管理者成为甩手掌柜；另外一种是管理者天天"救火"，忙得脚不着地，焦头烂额，疲惫不堪。如何让企业有组织、有序地良性发展，是众多管理者面临的问题。PDCA 循环工作法是管理系统原理中相对比较实用的方法。PDCA 循环（图 10-2）是美国质量管理专家休哈特博士首先提出的，由戴明采纳、宣传，获得普及，所以又称戴明环，所谓 PDCA，即计划（Plan）、实施（Do）、检查（Check）、行动（Action）的首字母组合。无论哪一项工作都离不开 PDCA 循环，每一项工作都需要经过计划、执行计划、检查计划、对计划进行调整并不断改善这四个阶段。

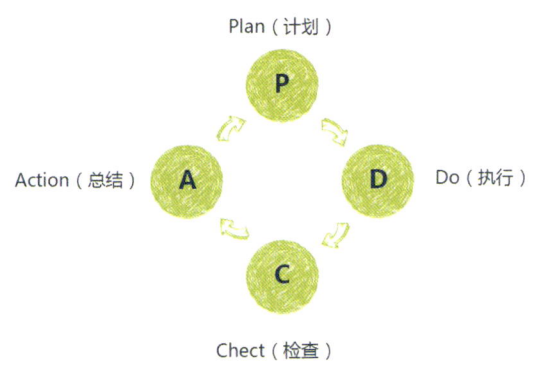

图 10-2　PDCA 循环

PDCA 循环可以使我们的思想方法和工作步骤更加条理化、系统化、图像化和科学化。

2. 做计划的 SMART 原则

（1）S（Specific）原则——明确性。所谓明确就是要具体、清楚地说明想要达成的行为标准，而不是用抽象的语言说明。有明确的目标几乎是成功团队都具备的特点。很多团队不成功的重要原因之一就是目标本身模棱两可，或没有将目标有效地传达给相关成员。所以在一段时间内目标应该是明确的，而不是模糊的。

（2）M（Measurable）原则——衡量性。衡量性就是指应该有一组明确的数据作为衡量目标是否达成的依据。如果制定的目标没有办法衡量，就无法判断这个目标是否达成了。目标设置要有项目、衡量标准、达成措施、完成期限以及资源要求，使考核人能够很清晰地看到部门或科室要做哪些事情，需要完成到怎样的程度。衡量标准遵循"能量化的量化，不能量化的质化"。还应确定一个制订人与考核人都认可的、标准的、清晰的、可度量的标尺，杜绝在目标设置中使用模糊的描述。

（3）A（Achievable）原则——可实现性。目标是能被执行人承担和接受的。如果管理者利用行政手段，或权力一厢情愿地把自己制定的目标强压给员工，员工典型的反应是心理和行为上的抗拒。如果这个目标真完成不了，员工有一百个理由推卸责任。

（4）R（Relevant）原则——实际性。目标的实际性是指在现实条件下可行、可操作。目标不具实际性具体来说有两种情况：一种是管理者乐观地估计了当前形势，低估了达成目标所需要的条件，这些条件包括人力资源、硬件条件、技术条件、系统信息条件、团队环境等，以至于制定了一个以实际能力无法达成的目标；另一种是花了大量的时间、资源，甚至人力成本，最后确定的目标根本没有实际意义。

例如，一位店长制定的目标是本月销售额在上月的基础上提升500%，但在整个政策上并没有业绩突然大幅增长的可行性方案，因此这个目标不具备操作性。

（5）T（Time-based）原则——时限性。目标的时限性就是指目标是有时间限制的。例如，计划在5月31日之前完成某事，5月31日就是一个确定的时间限制。没有时间限制的目标没有办法考核，或会造成考核不公。由于管理者和员工对目标轻重缓急的认识不同，管理者着急，但员工不知道。最后管理者暴跳如雷，而员工还觉得委屈。这种情况的出现会伤害工作关系，降低员工的工作热情。

因此，目标设置要有时间限制，根据工作任务的权重、事情的轻重缓急，拟订完成目标项目的时间，定期检查项目的完成进度，及时掌握项目的变化情况，以方便对员工进行及时的指导，以及根据工作计划的异常变化情况及时调整计划。

二、做计划的三点好处

有人说："为什么要做计划？计划总赶不上变化，而且做计划浪费时间还过于机械，何不干脆活得随心随性一点，车到山前必有路，船到桥头自然直，命运自然有他的安排。"但苏格拉底曾说："没有计划的人生也是不值得过的。"做计划的三点好处如下所述。

1. 让未来变得可预期

做计划即在大脑中过了一遍未来的事情，针对可能发生的事情，有一定的心理准备，不至于盲目地做事。

2. 从潜意识对自己进行督促，提高效率

英国的历史学家西里尔·诺斯古德·帕金森说过："同样一个人做同一件事所耗费的时间差别也是巨大的。"如果我们有计划清单，并有效预估了完成时间，就会督促自己去完成计划，进而提高效率。

3. 有助于工作的分类安排

每天都要坚持列出计划清单，并遵循二八原则把工作按照重要性分类排序，优先完成具有挑战性或者重要的工作。计划如同大纲，只是给了我们目标和方向，但我们也需要与时俱进，不断地调整并优化计划。

三、做计划的四大注意事项

1. 计划拆解

下面以建材行业为例介绍计划拆解。结合建材行业多渠道的特点，可将销售计划按个人、部门、渠道进行拆解（图10-3），并提供计划的编制、落实、检查及计划与执行分析报表。

图10-3 计划拆解示例

2. 计划周期

依据计划周期可把计划分为年度计划、季度计划、月度计划、周计划等，这样可使做计划变得更加简单和系统化。

3. 计划制订时间

泛家居销售企业可规定制订计划的时间，让销售员慢慢形成一种固定的习惯。而借助工具软件可以做到事前提醒，减少遗忘。具体规定如下：

（1）每月1号销售员填写销售员月度计划，将计划细分到每一周，并整理手上的资源，罗列出执行明细，以便更好地完成计划。每月2号部门经理汇总销售员的月度计划，制作部门月度计划，以掌握整个部门的月度计划情况。

（2）每周日销售员填写销售员周计划，针对月度计划和截至当周的月累计完成计划的情况，调整下周的计划。每周日部门经理汇总销售员周计划，制订部门周计划，以掌握整个部门的周计划情况。

4. 计划内容

泛家居销售企业计划内容如图 10–4 所示。

客户管理指标
学习与训练计划
其他工作计划
计划内容

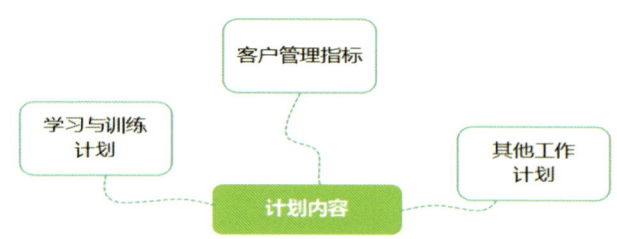

图 10–4 泛家居销售企业计划内容

销售员可按照计划执行总结进行分析与改善。泛家居销售企业通过制作销售员周、月度检查表和部门的周、月度检查表，并不断地总结、改善，增强计划执行力，节约人力管理成本。

（1）客户管理指标：在泛家居行业里，不管是销售员的计划还是部门的计划，不同渠道的客户管理指标是不一样的，所以做计划也要分开渠道。泛家居行业常见的渠道有：零售、家装、工程、分销。

泛家居行业常见渠道的客户管理指标如图 10–5 所示。

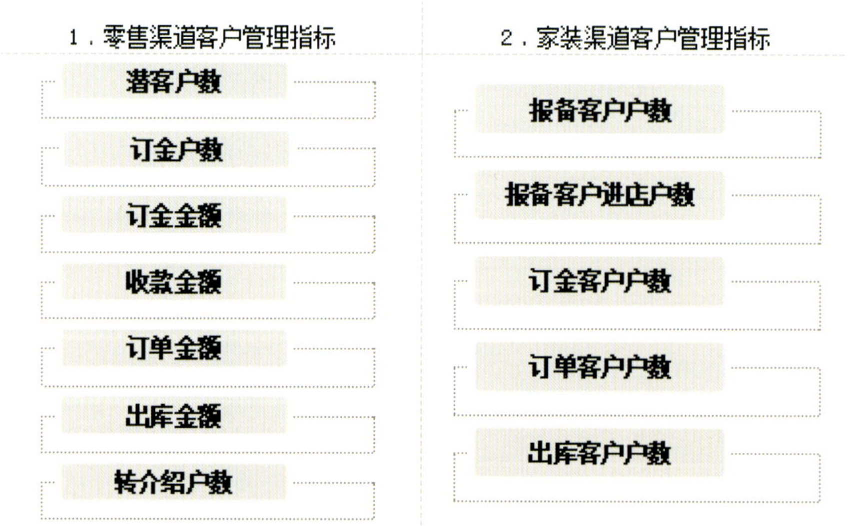

1．零售渠道客户管理指标
潜客户数
订金户数
订金金额
收款金额
订单金额
出库金额
转介绍户数
2．家装渠道客户管理指标
报备客户户数
报备客户进店户数
订金客户户数
订单客户户数
出库客户户数

图 10–5 泛家居行业常见渠道的客户管理指标

3．工程渠道客户管理指标

- 报备工程项目数
- 送样板工程项目数
- 做样板房项目数
- 签合同项目数
- 合同金额
- 出货金额
- 货款回笼

4．分销渠道客户管理指标

- 新开发分销商数
- 新签约分销商数
- 分销提货金额
- 分销回款金额

图 10-5　泛家居行业常见渠道的客户管理指标（续图）

（2）学习与训练计划：销售员技能提升离不开知识的学习和技能的训练。泛家居销售企业有计划地组织学习，有利于销售员的成长。具体做法是：将学习和训练的课程做成培训知识库，分步推进销售员每月、每周的学习，并跟进学习、训练与考核。

（3）其他工作计划：销售员除了正常的销售工作，还可以将其他一些内部工作做到计划里去，不容易忘记，以有规划地安排自己的工作，也方便直属管理者安排工作。

四、计划执行的管控体系

1．客户信息管理计划

有心理研究机构做过研究，每天在工作群播报当天工作的完成情况，能让计划完成率提升 20%，因为这样做可以让计划完成情况好的员工更有成就感，同时也让计划完成情况差的员工感到压力。

2．销售目标管理计划

每天播报计划的完成率，可以让每个人实时了解自己与当前目标的差距，并让每个人知道自己在整个组织中的排行。

3．销售绩效管理计划

任何没有奖罚的体制都是不能有效执行计划的，制订好计划后也要有相应的奖罚制度，可以让员工进行 PK、员工与公司进行 PK 等，可以是物质的奖罚，也可以是精神的奖罚等。

4．月度与周计划制订报告

想要保障计划顺利进行，最基本的是每个人都必须制订计划，且需要让管理者清楚地知道有哪些人没有制订计划，方便管理。

五、计划管理实用表格

下面以泛家居企业为例介绍几个计划管理实用表格。

（1）销售员月度计划见表9-1。

表9-1 销售员月度计划

年度			月度					渠道		
姓名			部门					职位		
客户管理指标											
项目	总指标	第一周	第二周	第三周	第四周	第五周	第六周	计划执行明细	备注
潜在客户数									
订金户数									
订金金额									
收款金额									
订单金额									
出库金额									
转介绍户数									

（2）导购学习计划卡见表9-2。

表9-2 导购学习计划卡

学习模块	顺序	学习内容	培训时间	培训人	考核分数	备注
一、企业介绍	1	企业文化篇				
	2	组织架构、岗位职责、相关岗位工作流程				
	3	公司管理制度（专卖店5S管理表）				
	4	代理品牌：品牌篇、品质篇				
二、基础知识	5	产品卖点及核心话术				
	6	产品主推表（产品结构、价格）				
	7	软件工具学习（如万维、协同云平台）				
	8	销售心经				
三、销售技巧	9	产品专业服务技能（测量、设计、计算、开加工件、指导铺贴）				
	10	客户开拓管理				
	11	专卖店接待流程				
	12	留电技巧				

续表

学习模块	顺序	学习内容	培训时间	培训人	考核分数	备注
三、销售技巧	13	洞察客户特性的36个维度				
	14	处理客户异议的必备心理学				
	15	逼单的8种方法				
	16	跟进客户——话到钱来				
	17	九型人格				
	18	笔迹分析				
	19	肢体语言心理学				
	20	沟通心理学				
	21	消费心理学				
	22	客户感动模板				
	23	目标管理				
四、泛家居行业知识	24	商务礼仪及化妆技巧				
	25	合作装饰公司及对应设计师情况				
	26	装修知识（各种装修工序、工艺流程）				
	27	建材市场情况				
	28	各大建材品类前四名公司和品牌的介绍				
	29	中国瓷砖行业的发展历史及产业介绍				
	30	泛家居行业标准				
	31	中国风水学				

（3）销售人员工作计划制订与审核清单见表9-3。

表9-3 销售人员工作计划制订与审核清单

项目	个人月度计划		个人周计划		个人周总结		个人月度总结		备注
	制订	审核	制订	审核	制订	审核	制订	审核	
导购	√		√		√		√		
店长		√	√	√	√	√	√	√	
业务员	√		√		√		√		
业务经理		√		√		√		√	

注意：销售人员需要在每个月月初（1号）制订个人月度计划，每周（末）制订下周计划和进行本周总结，每月（末）进行月度总结，并由直属经理审核。

（4）销售部门工作计划制订与审核清单见表9-4。

表9-4 销售部门工作计划制订与审核清单

项目	个人月度计划		个人周计划		个人周总结		个人月度总结		备注
	制订	审核	制订	审核	制订	审核	制订	审核	
店长	√		√		√		√		
零售经理		√	√		√		√		
业务经理	√		√		√		√		
总经理		√		√		√		√	

注意：店长或业务经理根据本部门导购（业务员）制订的计划汇总月度计划和周计划，在每周（末）进行本周总结，每月（末）进行月度总结，并由直属领导审核。

六、计划执行的监管和看板

（1）计划执行的监管：各企业按时制订计划的工作执行不下去的原因是缺乏监管系统。要让按时做计划这项工作坚持下去，就要由专人对个人或者部门计划的按时制订进行监督，并制订检查表，或者选择一些专业的管理软件，节约人力成本，使团队的执行力得到增强。计划执行检查表示例如图10-6所示。

2017年店长月度计划执行检查表

● 未提交　● 超时提交　● 按时提交

部门	店长	1月	2月	3月	4月	5月	6月	7月	8月	9月	10月	合计		
												按时提交	超时提交	未提交
海马店	黄智斌	●	●	●	●	●	●	●	●	●	●	6	4	0
红星店	李红梅	●	●	●	●	●	●	●	●	●	●	9	1	0
金沙店	张楚梅	●	●	●	●	●	●	●	●	●	●	7	2	1
综合店	彭伟	●	●	●	●	●	●	●	●	●	●	10	0	0
至尊店	林宏杰	●	●	●	●	●	●	●	●	●	●	8	2	0
合计	按时提交	4	4	5	5	4	5	5	4	2	2			
	超时提交	1	1	0	0	1	0	0	1	3	2			
	未提交	0	0	0	0	0	0	0	0	0	1			

图10-6　计划执行检查表示例

（2）计划执行看板：企业可通过过程看板检查各店长的月度计划执行情况，掌握收款、订单、出库的金额以及计划完成情况。任务完成情况分析表示例如图10-7所示。

2017年10月店面任务完成情况分析表

部门	项目名称	销售金额(万)	收款金额(万)	开单金额(万)	进店客户数	订金客户数	订单客户数	转客数
海马店	本月计划任务	70.00	75.00	80.00	200.00	50.00	45.00	10.00
	本月实际完成	65.40	71.50	77.20	180.00	40.00	38.00	5.00
	本月任务完成率	93%	95%	97%	90%	80%	84%	50%
	本年计划	800.00	850.00	900.00	2,500.00	500.00	500.00	100.00
	累计完成	320.00	300.00	420.20	1,025.00	198.00	200.00	40.00
	本年完成率	40%	35%	47%	41%	40%	40%	40%
红星店	本月计划任务	80.00	80.00	80.00	200.00	55.00	50.00	15.00
	本月实际完成	57.90	56.00	65.00	172.00	42.00	32.00	8.00
	本月任务完成率	72%	70%	81%	86%	76%	64%	53%
	本年计划	900.00	1,000.00	850.00	2,500.00	600.00	480.00	120.00
	累计完成	450.00	370.00	403.20	1,002.50	202.00	198.00	45.00
	本年完成率	50%	37%	47%	40%	34%	41%	38%
合计	本月计划任务	150	155	160	400	105	95	25
	本月实际完成	123	128	142	369	82	70	13
	本月任务完成率	82.20%	82.26%	88.88%	92.25%	78.10%	73.68%	52.00%
	本年计划	1,700.00	1,850.00	1,750.00	5,000.00	1,100.00	980.00	220.00
	累计完成	770.00	670.00	823.20	2,027.50	400.00	398.00	85.00
	本年完成率	45.29%	36.22%	47.04%	40.54%	36.36%	40.61%	38.64%

图10-7　任务完成情况分析表示例

第十一章

开拓客户

泛家居销售企业开拓客户有哪些渠道？
如何通过电销来筛选客户？
如何通过有效跟进来提升客户的进店率？
对开拓客户工作用哪些考核点？

开拓客户导图如图 11-1 所示。

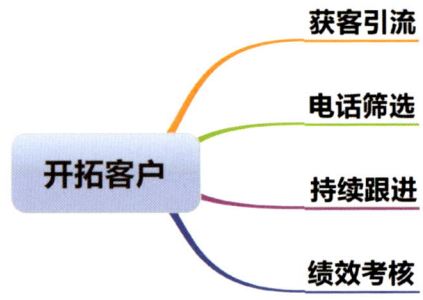

图 11-1 开拓客户导图

获客引流导图如图 11-2 所示。

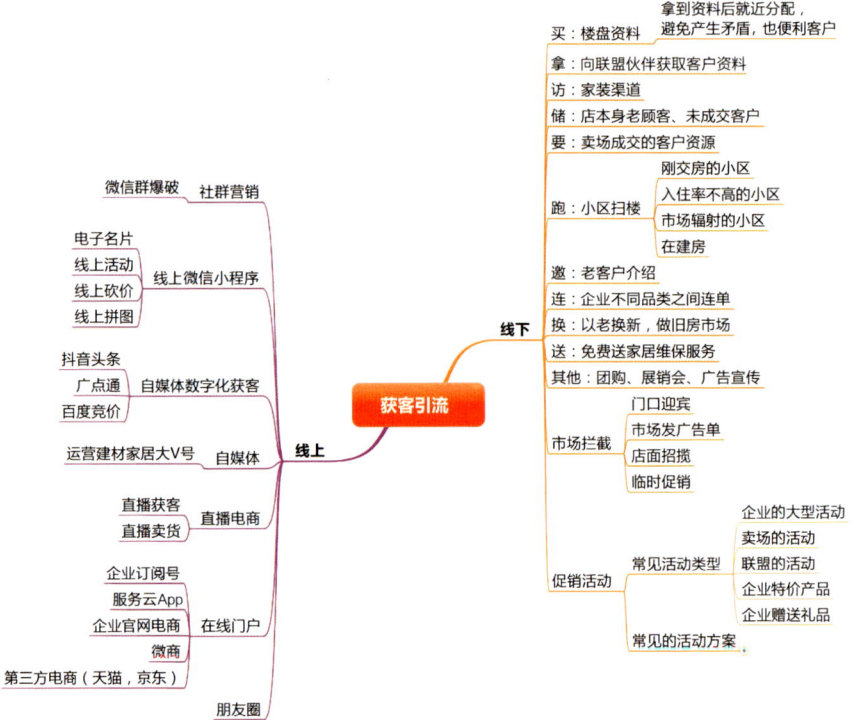

图 11-2 获客引流导图

电话筛选导图如图 11-3 所示。

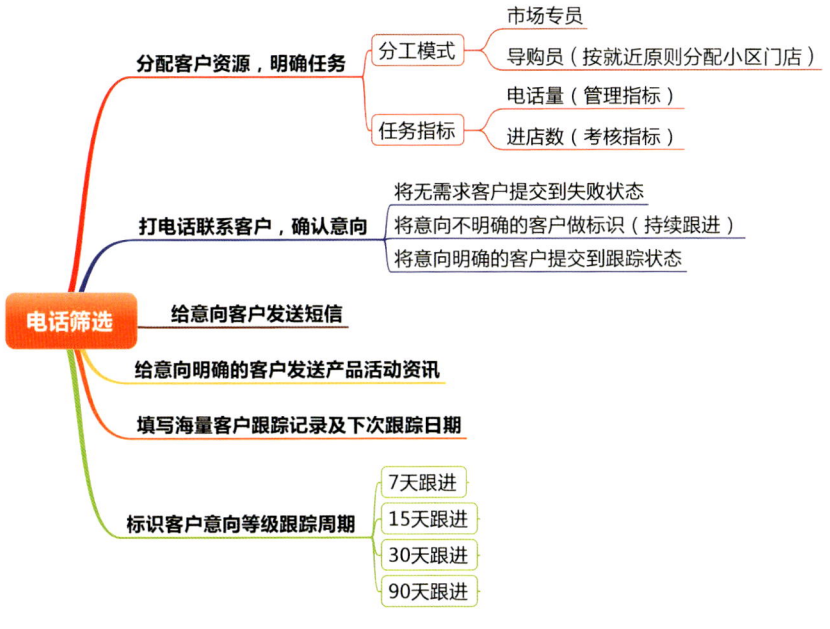

图 11-3　电话筛选导图

持续跟进导图如图 11-4 所示。

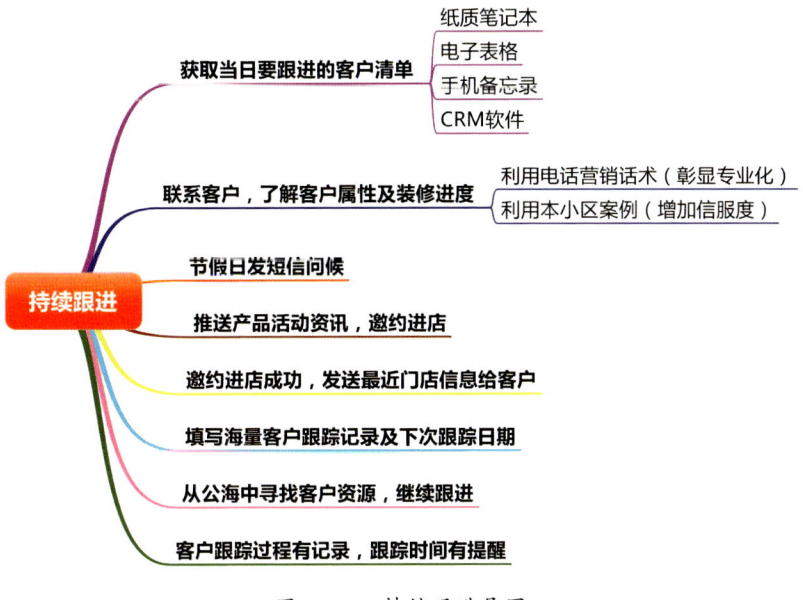

图 11-4　持续跟进导图

绩效考核导图如图11-5所示。

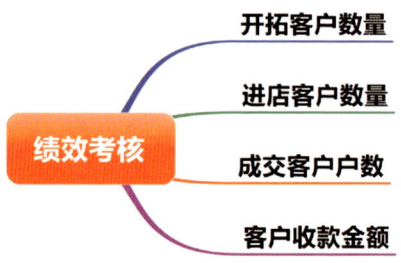

图11-5　绩效考核导图

一、获客引流

获客引流可以分两种渠道进行：一种是传统渠道，即在线下进行；另一种是互联网渠道，即在线上进行。下面介绍在泛家居行业这两种渠道常用的几种集客方法。

1. 线下

（1）买：企业通过房地产商、物业公司、房地产中介公司获取楼盘资料，拿到资料后根据楼盘的位置采取就近原则分派店面，避免发生相互抢单的情况，同时也能便利客户就近购买，提高成交率。

（2）拿：企业向联盟伙伴获取同类型客户的资料，积累客户资源，提高效率，增加成交概率，提高资源利用率。

（3）访：销售员通过当地家装老板、厂家、装饰公司等，了解行业内的情况，找出目标客户，精准定位，精准营销。

（4）储：针对店内老客户、未成交客户、意向客户，销售员不断跟踪并了解客户的需求，抓住客户心理，刺激营销。

（5）要：企业要做好长远规划，收集好成交的客户资源，充分利用客户价值，为后续产品销售以及扩大自身市场影响力打下基础。

（6）跑：小区扫楼。对刚交房的小区、入住率不高的小区、市场辐射的小区、在建的小区进行扫楼，此时小区入住率不高，发展空间大，很多业主都需要对房屋进行装修，因此企业能更快地捕获意向客户。

（7）邀：泛家居企业要重视和维护好老客户，为老客户提供一定的优惠，激励他们邀请更多的新客户，使客户群体产生裂变，从而获得更高的转化率，降低营销成本。

（8）连：由于现在客户稀缺，为了把客户的资源利用好，把单值做大，泛家居企业可以多经营一些关联品牌，并通过不同品类之间导购的连单获得客户。

（9）换：老小区中的业主及老客户会进行旧房重新装修，可以采取以旧换新的模式获得客户。

（10）送：泛家居企业通过免费赠送家居维保服务，如地板打蜡、除螨、卫浴清洗等，获得客户的信任，从而获得客户的转介绍。

（11）其他：泛家居企业要开展团购、展销会、广告宣传活动。这些活动抓住了客户的从众心理，让客户成团带客，为企业带来客户资源，提高企业知名度。

（12）市场拦截：方式为门口迎宾、市场发放广告单、店面招揽、临时促销。门口迎宾可提升客户对店面的好感度；市场发放广告单可加深客户对品牌的印象，并增加客户对品牌的认识；店面招揽有助于提升客户进店率；临时促销可激发冲动消费的心理，促成成单。

（13）促销活动：最大可能地吸引客户的关注，刺激他们的消费欲望，使他们对品牌和产品产生第一次接触后的好感，增强客户对品牌的信任感和认可度，既有助于企业宣传，又帮助企业获客。

1）常见的活动类型：公司的大型活动、卖场的活动、联盟的活动、公司特价产品、公司赠送礼品。

2）常见的活动方案：单品促销、套餐促销、换购赠送、买几送几、满赠优惠、定金升值、定金省购、折上折、优惠卡、全场折扣、组合折扣、订金返现、出库返现。

2. 线上

（1）社群营销：社群营销是在网络社区营销及社会化媒体营销基础上发展起来的用户连接及交流更为紧密的网络营销方式。社群营销主要通过连接、沟通等方式实现客户价值，营销方式人性化，不仅受客户欢迎，还可以让客户成为继续传播者。泛家居企业应该引导意向客户添加微信，再把意向客户加进社群（微信群），通过产品介绍、促销活动等手段激活客户。

（2）线上微信小程序：相对于线下宣传引流，线上引流具有可以随时随地通过网络传播，不受时间空间的限制的优点，通过微信达到传播引流的目的。基于微信小程序开发的引流工具可以低成本地为泛家居企业吸引客户，甚至帮助企业直接线上销售。常见的线上获客小程序有：电子名片、线上活动（线上报名）、线上砍价与拼团等，如图11-6所示。

| 电子名片 | 线上活动（线上报名） | 砍价拼团 |

图 11-6 常见的线上获客小程序

（3）自媒体数字化获客：随着社会的发展，现在的消费主流群体不断年轻化，这些年轻人都生活在抖音、头条、微信等移动端的世界里，通过抖音、头条等精准定位，可以在线上获得意向客户，在结合自动化的客户关系管理（CRM）系统，让意向客户精准转换成成交客户。

（4）自媒体：通过加准业主的微信号，或者将企业产品信息发布到朋友圈、头条、抖音等，有条件的企业可以创建属于自己的泛家居大V号，轻松获得私域流量。

（5）直播电商：直播与电商结合，其主播的推荐宣传、及时的沟通、使用体验的交流都在给客户足以匹敌线下的用户体验。直播电商满足了客户的从众心理需求，在提升客户购物感受的同时，也在提升客户对产品的需求。同时，直播间秒杀满足了多数客户追求性价比的心理需求，比起传统卖力吆喝的线下活动，线上直播能让活动效果放大多倍，一个主题、一个场景、一个网红就可以进行直播。更重要的是线下团购、发送红包等活动在线上也能进行，方便成单。同时线上商城让线上和线下无缝对接。电商展示如图11-7所示。

图 11-7　电商展示

（6）在线门户：公司订阅号、服务云 App、公司官网电商、微商、第三方电商（天猫、京东）。

（7）朋友圈：在加业主微信后，在朋友圈发产品信息以获得客户。

二、电话筛选

1. 联系客户并筛选有用的客户资源

将客户资源进行合理分配，话务员对客户进行电话联系，将无需求的客户剔除，并将有意向的客户引荐进店，主要是导购员与话务员之间需要分工协作。

2. 分配客户资源，明确任务

（1）分工模式：把收集的客户资源分配给话务员跟进，并让话务员将客户推荐进店，再按就近原则分配给导购，导购负责在门店接待、跟踪客户直到成单。分工模式流程如图 11-8 所示。

图 11-8　分工模式流程

（2）任务指标：对话务员每天跟踪客户的电话量及跟踪客户的进店数进行量化指标管理。

3. 客户跟踪操作10步曲

(1) 获取当日要跟进的客户清单。
(2) 联系客户，了解客户属性及装修进度。
(3) 利用电话营销话术彰显专业化。
(4) 利用本小区案例增加信服度。
(5) 节假日发短信问候。
(6) 推送产品活动资讯，邀约进店。
(7) 邀约进店成功，发送最近门店信息给客户。
(8) 填写海量客户跟踪记录及下次跟踪日期。
(9) 从公海中寻找客户资源，继续跟进。
(10) 客户跟踪过程有记录，跟踪时间有提醒（可利用纸质笔记本、电子表格、手机备忘录、CRM软件）。

4. 标识客户意向等级跟踪周期

对有意向客户进行分级管理，标识好跟踪周期，以对目标客户进行更有效率的跟进。跟踪周期根据客户等级进行定义，合理的跟踪周期有7天跟进、15天跟进、30天跟进、90天跟进四种。

三、持续跟进

（1）**避免客户资源流失**。对海量客户资料进行统一登记管理，避免由于人员调动、离职或其他因素导致的资料流失。如使用软件统一登记，数据安全将能获得最大保障，并且能将未及时跟进的客户资源放到公海进行共享，让业务人员进行良性竞争，也避免因无人跟进而导致客户流失，实现企业效益最大化。

（2）**记录跟踪过程**。将每次的跟踪过程记录下来，定期"复习"客户资料，可以不断积累客户，从而提升销售业绩，提高自我持续改善的能力。

（3）**持续跟进，邀约进店**。通过与客户联系，了解客户所在小区，通过介绍同小区案例，增加客户对自己的信任，同时推送产品活动资讯，推荐最近门店，邀约客户上门，提升客户进店率。

（4）**数据分析**。登记意向客户数据，进行客户进店率分析、客户成交率分析、超期跟进客户汇总。具体的分析报表可参考执行看板制作。

四、绩效考核

开拓客户的绩效考核指标有：开拓客户数、进店客户数量、成交客户户数、客户收款金额。具体指标可根据企业实际情况制定。

五、开拓客户实用表格

意向客户信息登记表见表 11-1。

表 11-1　意向客户信息登记表

日期		部门		跟进人	
客户名称		联系电话		客户来源	
房子特征					
户型		面积分类		装修风格	
所属小区		地址			
装修进度		家装公司		设计师	
装修方式		○清包　○半包　○全包　○套餐			
客户特征					
客户职业		年龄段		性格特征	
客户喜好		客户消费力		客户可说服力	○容易　○一般　○困难
九型人格					
客户特性描述					
订单属性					
预计装修日期		单子紧迫性	○不紧急　○紧急　○非常紧急	预计购买日期	
预计装修工期		失败原因			
意向客户跟踪明细					

跟踪时间	跟进人	跟踪内容	跟进方式	跟进状态	跟踪结果	下次跟踪日期	下次跟踪目的	备注

第十二章

家装报备与核算

如何找到适合、忠诚的设计师跟企业合作？
如何维系好企业的设计师？
如何合理管理家装业务报备？
如何评估设计师业绩？
如何利用有效的激励机制激励设计师？

家装报备与核算导图如图12-1所示。

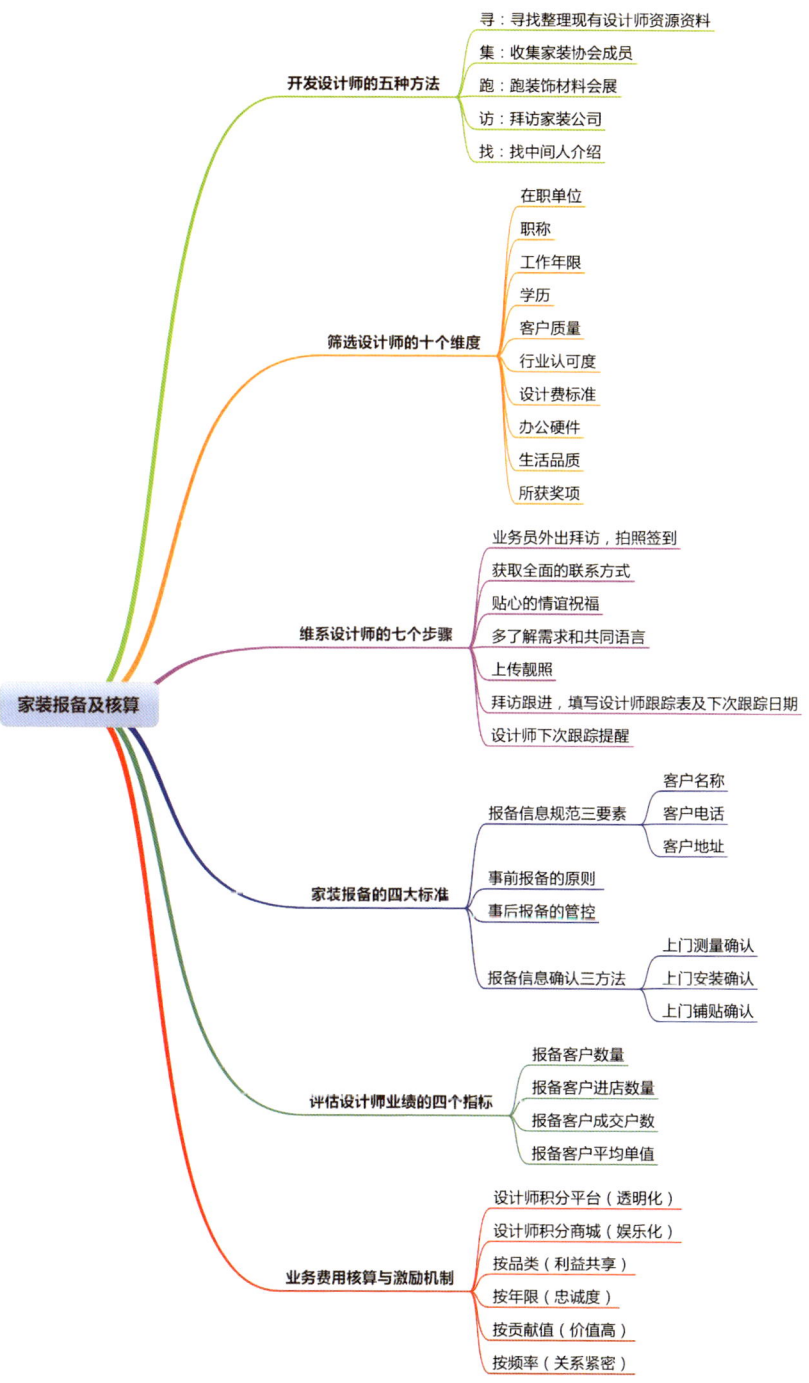

图12-1 家装报备与核算导图

一、开发设计师的五种方法

泛家居企业的家装业务,与家装公司、设计师的合作必不可少。拥有越多的设计师资源,为企业带来的家装渠道业绩就越高。常见的开发设计师的五种方法如下。

(1)寻:寻找整理现有设计师资源资料。

(2)集:收集家装协会成员。

(3)跑:跑装饰材料会展。

(4)访:拜访家装公司。

(5)找:找中间人介绍。

中间人介绍这种方法的中间人可以是:家装公司的员工、做该家装公司的其他品类经销商或渠道负责人、与该客户公司有联系的广告公司人员、当地家装协会材料会展工作人员、与该家装公司有联系的建材第三方平台管理人员、与该家装设计有业务往来但没有报备的业主人员。

二、筛选设计师的十个维度

在装修的过程中大部分的家庭装修设计都是由设计师来完成的。因此,设计师的重要性不言而喻。从接单、设计、预算、沟通、谈判、施工甚至装饰公司货款回笼,设计师的工作贯穿了整个家装业务的过程。设计师的谈判沟通技巧、设计水平、综合素质和能力对业务的成败起着决定性的作用。谁拥有了优秀的设计师,谁就能获得更高的业绩。同时设计师另起炉灶自行创业也是一种趋势且年年都在不断增多。因此,对于泛家居企业而言,有时搞定一个设计师,意味着搞定了一个新的设计公司。

所以,筛选优秀设计师也是家装业务员的重要工作。以下从十个维度对设计师进行筛选,见表12-1。

表12-1 筛选设计师的十个维度

维度	内容
在职单位	A.个人工作室 B.装饰公司 C.设计公司 D.工装公司
职称	A.设计总监(1人) B.首席设计师(3人以下) C.优秀设计师 D.普通设计师
工作年限	A.8年以上 B.5年以上 C.3年以上 D.3年以下
学历	A.本科环艺、设计相关专业 B.大专环艺、设计相关专业 C.大专 D.大专以下
客户质量	A.别墅 B.会所、商业空间 C.大户型(180 ㎡以上) D.普通住宅
行业认可度	A.大师 B.老师 C.好 D.一般

续表

维度	内容
设计费标准	A.800 以上　B.500 以上　C.200 以上　D.不确定
办公硬件	A.有 10 以上的设计团队　B.有独立办公室,5 人团队 C.2 名以上助理　D.无助理
生活品质	A.境外生活经历　B.有固定的房、车、家庭 C.有固定住所，未婚　D.无固定住所
所获奖项	A.行业协会组织的全国奖项　B.行业协会组织的地方奖项 C.非行业协会组织的各项奖项　D.无奖项

评分标准（A 项 5 分；B 项 3 分；C 项 2 分；D 项 0 分）
综合得分 28 分以上（资深）重点开发，18～27 分（中级）选择性开发，18 分以下（初级）不用开发

初级设计师不应是泛家居企业合作和开发的重点对象。中级设计师应是泛家居企业合作和开发的基础对象。资深设计师应是泛家居企业合作与开发的核心对象。

三、维系设计师的七个步骤

维系设计师，培养设计师的忠诚度，使家装公司和设计师成为首推和主推的力量，同时加强内部协作，提高成单率，为家装渠道业绩稳定打好基础。维系设计师的七个步骤如下所述。

1. 业务员外出拜访，拍照签到

业务员外出拜访家装公司、设计师，在到达和离开时都通过手机 App 定位，并拍照签到，以加强设计师的管理，让工作有序进行，让管理者放心。

2. 获取全面的联系方式

为了更好地维系设计师，获得全面信息，除了设计师的电话外，还要增加 QQ、微信、E-mail 等联系方式，因为有时候电话并不是最合时宜的联系方式，必要时可通过其他沟通方式进行维系。

3. 贴心的情谊祝福

记录设计师的生日，做好生日提醒，在设计师生日来临之际，送上一份小礼品或祝福，使设计师感受到浓浓的情谊，增加相互之间的信任感。

4. 多了解需求和共同语言

要长期合作，就要对设计师的个人特长、兴趣爱好多做了解，通过平日的沟通，把需求了解清楚，投其所好。具体来说，可以从业绩、案例、健康三个方面着手，例如：搜集设计案例打包成册，免费赠送给设计师；如果设计师经常跑工地，就赠送口罩；如果设计师经常使用电脑，就赠送电脑的小配件，如屏幕清洗剂、键盘清洗剂、小音箱、鼠标等。除工作洽谈之外，投其所好地做其喜欢做的事，更容易与其保持长久的关系。

5. 上传靓照

将设计师相片存档可方便识别设计师，杜绝出现弄虚作假骗取佣金的情况。通过 AI 人脸识别和大数据技术可以查询设计师的到店情况。

6. 拜访跟进，填写设计师跟踪表及下次跟踪日期

业务员务必将每次拜访家装公司和设计师时的情况记录下来，形成长期的工作纪要并予以回顾以指导下一步工作，特别是确定下次跟踪日期。这项维系工作可以借助软件系统高效进行。设计师跟踪表见表 12-2。

表 12-2　设计师跟踪表

名称		性别	
联系电话		QQ/微信	
生日		兴趣爱好	
地址		业务员	
跟踪明细			
跟进时间	跟进内容	报备项目	下次跟进时间

7. 设计师下次跟踪提醒

在众多的家装公司和设计师维系工作中，有条不紊地开展工作很重要。信守约定和合理紧密地跟进，在每一次需要下次跟踪时，提前一天借助软件系统来提醒，第二天清晨再一次提醒，减少人为记忆障碍，以不遗忘维系工作，确保工作有序进行。

四、家装报备的四大标准

家装渠道设计师的客户报备涉及零售与家装的业绩划分、设计师的返点，如果不规范管理，很容易被钻空子。首先报备资料要统一登记管理，避免由于人员调动、离职或其他因素导致资料流失。借助软件系统统一登记，数据安全将能获得最大保障。其次规范管理，建立报备四大标准。

1. 报备信息规范三要素

客户资料的登记是家装报备依据，可避免后期发生扯皮情况。报备信息要有三个要素，即客户姓名、客户电话、客户地址，成单至少要包含两项。

2. 事前报备的原则

设计师的客户报备要遵循事前报备的原则，家装设计师的作用体现在带单，引荐客户来购买，通过事前报备，加上家装业务员的跟进，促进客户成单。若事后报备，零售和家装业绩归属不明朗，容易造成企业损失。

3. 事后报备的管控

事前报备是原则，但不可避免的是设计师也有忘记报备的时候，如果遇到事后报备，需要严加管控，从源头上减少这种事后报备行为。事后报备需要家装经理审批，核实事后报备的原因，并延迟此类家装返点的核算。

4. 报备信息确认三方法

家装报备的信息需要人工核实，以确保信息的真实有效，谨防虚假报备。一般家装报备信息的确认可以通过上门测量确认、上门安装确认、上门铺贴确认三种方法来完成。

业主的装修需要有装修许可，且需将装修许可置于外门墙。通过上门测量、安装、铺贴服务，拍照获取装修许可信息，上传到系统与报备信息匹配。这样便可精准完成报备信息的确认工作。

五、评估设计师业绩的四个指标

评估设计师业绩的四个指标见表 12-3。

表 12-3 评估设计师业绩的四个指标

指标	说明
报备客户数量	报备客户的数量越多，表明该设计师的忠诚度高
报备客户进店数量	报备客户进店数量越多，表明该设计师对业主的引导力越强
报备客户成交户数	报备客户成交户数越多，表明该设计师对业主的掌控力越强
报备客户平均单值	报备客户平均单值越高，表明该设计师的控单能力越强，贡献越高

六、业务费用核算与激励机制

1. 业务费用核算

家装的业务费用在报备客户成单、结案之后给予核算。业务费用核算表见表 12-4。

表 12-4 业务费用核算表

核算日期			客户名称			客户电话		
送货地址			导购员			业务员		
部门			设计师			家装公司		
□已出库安装　□已收完全款									
费用明细									
出库日期	出库单号	商品编码	商品名称	品牌名称	标准价	折后单价	折扣	数量	金额	标准费用	实际费用
合计标准费用					合计实际费用						
备注											

业务费用核算需经过业务员申请、财务审核、总经理审批、出纳支付四个环节。

（1）业务员申请。由家装业务员提起核算申请。返点模式一般依据当地市场环境来定，有两种方式：预返（按订单）和实返（按出库）。目前泛家居企业多使用出库后返点。

（2）财务审核。家装返点通常有一定的返利规则，按正特价、按新品、按折扣等确定返点比例，标准核算可借助软件系统来完成，而最终实际的返点金额由财务人员进行审核、对比，以确保业务费用的准确性。

（3）总经理审批。业务费用属于销售折扣与折让会计科目，影响销售毛利，是一笔不小的开支，需要总经理进行审批，让家装返点业务费用有所管控。

（4）出纳支付。传统的返点支付一般会用现金的方式，很少用转账方式。

2. 激励机制

除了正常的业务费用核算外，在当下的互联网形势下，家装渠道的竞争也越来越激烈，单纯靠传统的返点已经不足以满足设计师的需求，应当设立更多有趣的激励机制，以吸引和维系设计师。

（1）设计师积分平台（透明化）。搭建设计师积分平台，并提供查询入口，让设计师可以自己查询，及时、高效、放心，同时也可让每一位设计师做到心中有数，更加透明、准确。

（2）设计师积分商城（娱乐化）。搭建设计师积分商城，把业务费用或业绩转化成积分，在商城上可用积分进行各种礼品的兑换，选择性强，自由度高，个性化特征明显，以让每一位设计师的工作实现娱乐化。

（3）按品类（利益共享）。进一步分化设计师返点规则，对设计师推荐毛利空间较高的产品给予更多的返点，实现利益共享共赢。

（4）按年限（忠诚度）。鼓励设计师长期合度，提高其忠诚度，按年限设置不同的积分兑换阶梯，年限越长，兑换率越高。

（5）按贡献值（价值高）。设计师带单客户成交额越高，贡献值越大，给予这类设计师更高级别的VIP，使其享受更多积分。

（6）按频率（关系紧密）。设计师报备频率高，客户资源越充足，此类设计师潜力好，加强合作关系，提高其成单金额。

七、家装业务数据分析

家装业务的管理体系可通过以下数据分析，获取工作与业绩得以改善的原因。

1. 设计师报备活跃度分析

设计师报备活跃度分析主要用于分析合作设计师报备客户的积极性，设计师当季度报备活跃度分析案例如图12-2所示。

设计师/月度	10月		11月		12月		合计	
	报备天数	报备户数	报备天数	报备户数	报备天数	报备户数	报备天数	报备户数
余闵斌	12	18	6	8	13	15	31	41
肖杰伟	18	22	10	16	15	17	43	55
陈健	6	6	8	12	11	15	25	33
杜海龙	15	17	17	22	15	15	47	54
刘妍芳	11	12	7	10	13	15	31	37
王强	17	20	15	19	10	10	42	49
合计	79	95	63	87	77	87	219	269

图12-2 设计师当季度报备活跃度分析案例

设计师当月报备活跃度分析案例如图12-3所示。

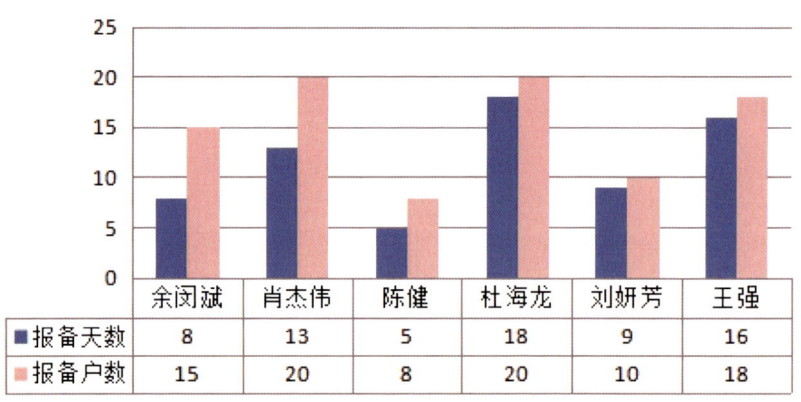

图12-3 设计师当月报备活跃度分析案例

2. 统计业绩（进店、成交）

统计业绩的目的是分析报备客户进店、成交、失败的原因，每月针对失败率最高的几个原因进行分析，找到改进的方法，提高成交率。具体案例如图12-4所示。

家装当月成交业绩统计（环比）

设计师/月度	11月						12月					
	报备数	进店数	订金数	出库数	出库金额	业务费用	报备数	进店数	订金数	出库数	出库金额	业务费用
余闵斌	8	6	4	4	9,580.00 ↓	1,437.00	15	12	9	9	23,505.00 ↑	3,055.65
肖杰伟	16	13	10	9	18,555.00 ↑	3,154.35	17	14	11	9	17,450.00 ↓	2,094.00
陈健	12	9	6	5	8,645.00 ↑	1,296.75	15	11	8	7	15,855.00 ↑	2,219.70
杜海龙	22	15	11	9	22,675.00 ↑	3,174.50	15	12	8	7	12,950.00 ↓	1,683.50
刘妍芳	10	6	4	3	6,810.00 ↓	1,021.50	15	10	7	6	9,655.00 ↑	1,544.80
王强	19	13	8	6	9,245.00 ↓	1,664.10	10	8	6	5	8,650.00 ↓	1,038.00
合计	87	62	43	36	75,510.00 ↑	11,748.20	87	67	49	43	88,065.00 ↑	11,635.65

图12-4 统计业绩案例

第十三章

潜客进店

让首次进店客户交订金的七种方法
洞察客户特性的 36 个维度
处理客户异议必备的心理学知识
跟进客户的 6 项关键工作
终端门店让客户留电的 7 种方法
逼单的 11 种方法
潜客大数据分析的 6 个维度

潜客进店导图如图 13-1 所示。

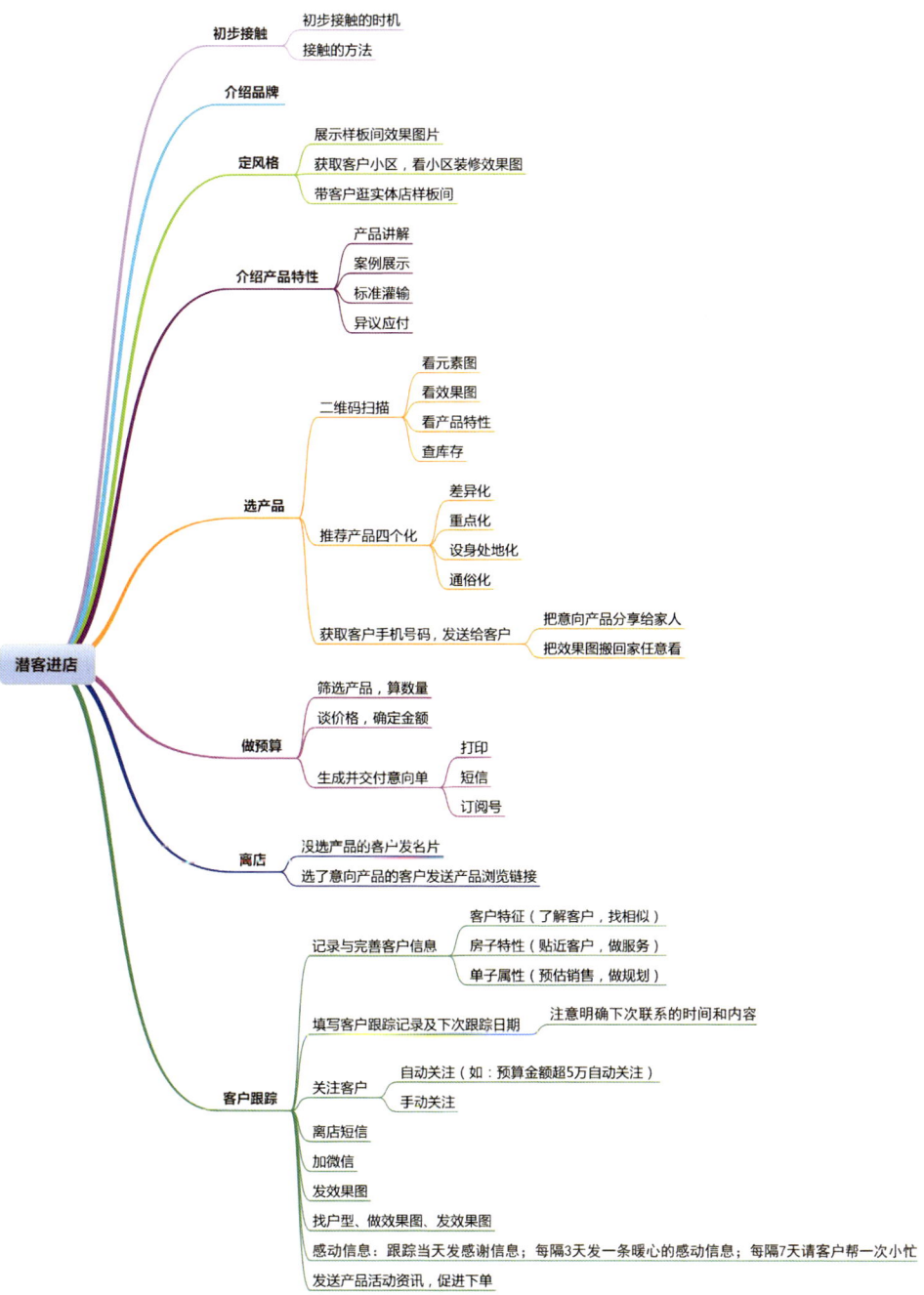

图 13-1　潜客进店导图

客户的购物心理如图 13-2 所示。

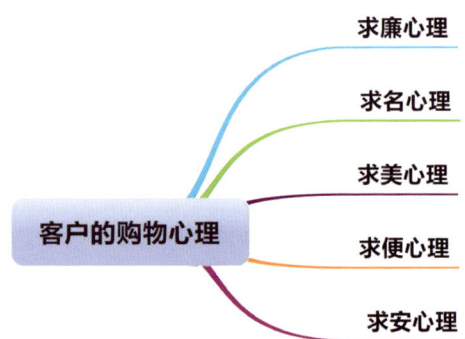

图 13-2　客户的购物心理

客户购买过程中的 8 个心理变化阶段如图 13-3 所示。

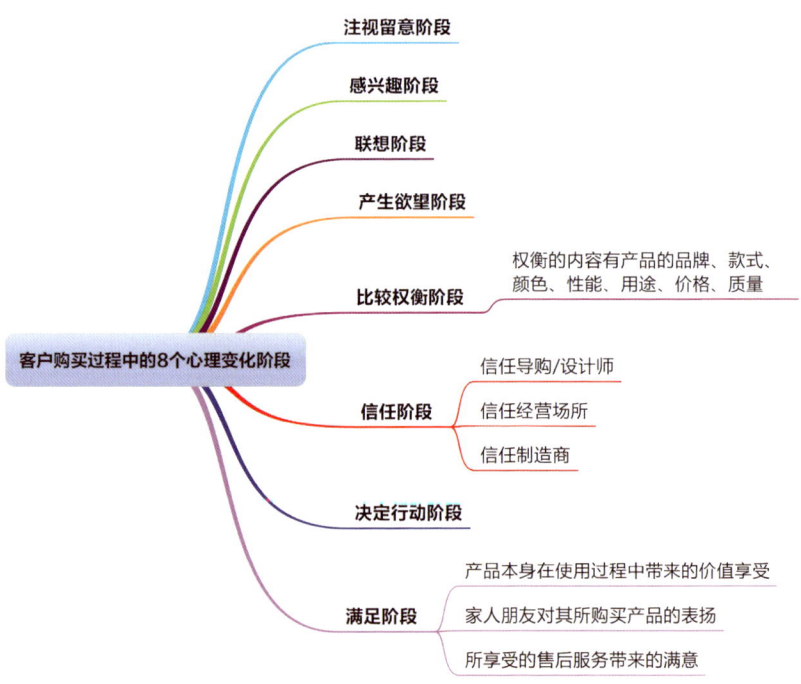

图 13-3　客户购买过程中的 8 个心理变化阶段

一、客户的购物心理

导购在了解客户的购物心理后,才能洞察客户心理,从而达到销售的目的。

1. 客户的购买心理

以下以购买瓷砖为例。

(1)求廉心理。如购买时,有的客户对瓷砖价格特别敏感,专门选择特价产品。此类客户经济收入、支付能力不高,也有些收入不低,但有节俭习惯,希望少花钱多办事,对价格十分敏感。导购应侧重于介绍同档次品牌瓷砖让客户比较价格,使客户感到被推荐的瓷砖确实经济实惠。

(2)求名心理。有些客户追求名牌,想借此来显示自己的地位。此类客户收入较高,中青年居多,选购时,只认名牌,往往要最好的瓷砖,不在乎价格的昂贵。导购介绍时态度要诚恳,特别要注意迎合他们的需求,尽量向他们介绍豪华、高档、名贵的瓷砖。

(3)求美心理。有些客户追求瓷砖的整体铺贴效果。此类客户有一定的社会阅历、较强的文化素质和欣赏水平,对产品价格的高低有时不太讲究,注重产品对生活环境的美化和装饰作用。因此,店内的设计顾问要有一定的文化素质和艺术欣赏水平,以及装饰方面的知识。

(4)求便心理。有些客户要求方便快捷。此类客户一般为时间效率要求较高的"白领、骨干、精英"等,支付能力较强,对产品价格不敏感。设计顾问在介绍时尽量重点突出服务的高效和便捷。

(5)求安心理。此类客户以中老年人居多,注重产品环保、安全及防滑性能,导购应充分利用3C证书证明产品的环保及安全性能,并着重推荐仿古地砖。

一切以需求为导向才是商业的本质。随着社会信息越来越透明,客户对价格的敏感度不断下降,同时客户可以通过互联网等渠道得到产品信息,客户与商家之间信息越来越对称。在新的环境下,泛家居企业应该回归到"一切以需求为导向"的销售模式,换位思考,用真诚服务客户,才能赢得真正的好口碑,从而获得客户的转介绍,只有获得客户的转介绍,导购的客源才能生生不息,这就是营销生态。

2. 客户购买过程中的8个心理变化阶段

客户购买过程中的8个心理变化阶段见表13-1。

表 13-1　客户购买过程中的 8 个心理变化阶段

阶段	内心感受	阶段特点	设计顾问的任务
1	咦，这是什么？	开始〔注意〕商品	等待接近客户的机会
2	这个看起来不错	对商品感〔兴趣〕	把握机会跟客户说话
3	如果放在我房间里应该不错	〔联想〕使用情况	简洁说明商品的特点，描绘商品的好形象
4	我想要一个	对商品产生〔欲望〕	发现客户的喜好，推荐适合的商品；实际演练，说明实例
5	虽然想要，但其他的也许更好	〔比较〕商品价格	以各种角度说明比较，对客户的询问做适当的回答
6	嗯，就这个吧，觉得还不错	〔信任〕导购或商品	以资料和实例获得信赖；建议购买
7	请给我这个吧	〔决定〕购买	以总结的技巧促使客户下决心；办理交易手续
8	不错，消费得值，买到了好东西	对商品使用价值和售后服务的认可，感到〔满意〕	欢送客户、售后服务、回访

3. 客户心理变化细解及导购对应操作

（1）注视留意阶段。当客户想买或随意浏览，对某款产品感兴趣时，他就会驻足观看。在浏览的过程中，客户往往会注意到店内陈列、电视演示以及各种宣传资料、POP 的摆放等。

从购买过程来看，这是第一阶段，也是最重要的阶段。

如果客户在浏览中没有发现感兴趣的产品，而设计顾问又不能引起客户的注意，那么购买过程即告中断；倘若能引起客户的注意，就意味着成功了一大半。

（2）感兴趣阶段。当客户驻足于某一展间前时，可能会对此展间产品的用途、方法、美观性等方面中的某一方面产生了兴趣，同时可能会向设计顾问问一些他关心的问题。

这时设计顾问可以尝试了解客户的基本信息，并从客户感兴趣的产品、说话的语气，结合穿着打扮对客户进行初步判断，并就其感兴趣的产品进行详细介绍，尤其是强调拥有此产品可以享有的好处。

（3）联想阶段。当客户对某一款产品产生了兴趣时，可能会触摸和从各个不同的角度端详，或从相关的产品宣传资料中联想到"此产品将会给自己带来哪些益处？能解决哪些困难？自己能从中得到哪些享受？"

客户经常会把感兴趣的展品和自己的日常生活联系在一起。

"联想"阶段十分重要，因为它直接关系到客户对展品产生满意或不满意、喜欢或不喜欢的最初印象和感情的阶段——"喜欢阶段"。在这个阶段，客户的联想力肯定是非常丰富而又飘忽不定的。

因此，在客户选购瓷砖时，设计顾问应灵活使用各种方法和手段适度地帮助客户提高他的联想力，仔细描绘客户感兴趣瓷砖的优点，并观察客户对哪一个产品特征更感兴趣，以此发现客户喜好。

（4）产生欲望阶段。产生联想之后的客户，接着会由喜欢而产生一种将这种瓷砖占为己有的欲望和冲动。当客户询问某种瓷砖并仔细地加以端详时，就已经表现出他非常感兴趣、想买了。

因此，设计顾问要抓住时机，通过细心观察，揣摩客户的心理，进一步介绍其关心的问题，进一步激发客户的购买欲望。

同时，设计顾问可以把商品演示给客户看，并让客户接触此商品，以强化他想拥有的感觉。

（5）比较权衡阶段。上述阶段仅仅是客户准备购买，尚未达到一定要买的阶段。客户可能会做进一步的选择；也可能会到其他店去比较同类产品；还可能从店中走出去，过一会儿（也可能是几天）又到本店，再次注视此款。

此时，客户的脑海中会浮现出很多曾经看过或了解过的同类瓷砖，在彼此间做个更详细、更综合的比较分析（比较的内容包括产品的品牌、款式、颜色、性能、用途、价格、质量等）。比较权衡阶段是购买过程中买卖双方意愿将要达到顶点的阶段，即客户通过比较之后有了更全面的认识，将要决定购买与否的关键阶段。

也许有些客户在比较之后就不喜欢这款了，也许有些客户会做出购买决定，还有些客户在这时会犹豫不决，拿不定主意，此时就是设计顾问表现的最佳时机——适时地提供一些有价值的建议，供其参考，帮助客户下定决心。

设计顾问可以把一些可以验证商品的证据，如权威部门的检验报告、媒体报道、老客户的购买资料等展示给客户看，并根据客户的实际需要提出建议，让其感觉到这款产品是最适合其购买的。

（6）信任阶段。在脑海中进行了各种比较和思想斗争之后的客户往往要征求（询问）设计顾问的一些意见，一旦得到满意的回答，大部分客户会对此产品产生信任感。影响信任感的三个因素如下所述。

1）信任导购、设计顾问。一方面设计顾问的优秀服务让客户产生愉悦的心情，从而对其产生好感。另一方面客户对设计顾问的专业素质（产品专业知识）非常信任，尤其是对其提出的有价值的建设性意见表示认同，从而产生信赖感。

2）信任经营场所。大多数客户比较注重卖场的信誉，喜欢到品牌专卖店购买。

3）信任制造商。年轻客户多喜欢名牌，认为品牌企业值得信赖。

在客户即将产生信任的阶段，设计顾问要用更亲和的服务态度介绍专业知识（如何选购、如何装饰等），并对产品品牌等加强宣传，使其产生信任感。

此时设计顾问还可以通过给予一定优惠刺激，如"今天买还可以享受一个礼包"或者以"这款产品最近销量比较好，库里不多了"促其尽早下决定。

（7）决定行动阶段。当客户对商品产生信任感后，便进入决定购买阶段，这时客户会说"小姐，库房里有货吗""什么时间可以送货""可以用信用卡支付吗"等语言，设计顾问可以因势利导，用总结性的语言，如"您买这款产品是很划算的，回去您家里人一定会高兴的""您真有眼光，这是今年最畅销的型号了"等让客户感觉到自己做出的选择是正确的。

在客户同意购买时，设计顾问不要露出很喜悦的样子，要依旧保持亲切自然的笑容，麻利地为客户办理购买手续，并留下客户的联系方式。

（8）满足阶段。客户做出购买决定还不是购买过程的终点。

设计顾问应把客户的愉悦离店看作销售的重要环节，而不应因客户交了钱就对客户不管不问，要让客户的满足感一直持续到离店之后，因此设计顾问应自始至终诚恳耐心待客，直到将客户送出门外。这时客户的满足感来源于买到了称心的物品和享受了温馨的购买服务，这种满足称为购买过程的满足。

还有一种满足是客户使用后的满足，其主要有三种：一是商品本身的使用属性给客户带来的价值享受；二是家人朋友对其所购买瓷砖的表扬；三是其所享受的售后服务带来的满足。这种使用后的满足对口碑传播有深刻的影响。

二、潜客进店接待流程

1. 初步接触

从客户的心理角度来说，与其接触的最佳时机是在"兴趣"和"联想"之间，在这之前或之后，都不合适。

（1）初步接触的时机如下：
- 当客户与设计顾问的眼神相碰撞时。
- 当客户四处张望，像是在寻找什么时。
- 当客户突然停下脚步时。
- 当客户长时间凝视产品时。
- 当客户用手触摸产品时。
- 当客户主动提问时。

（2）接触的方法。

1）产品接近法——当客户正在凝视产品时使用。这种方法是销售中最有效的接近方法，因为通过向客户介绍产品，可以把客户的注意力和兴趣与产品联系起来。例如，设计顾问用手指向 CH6353 和客户搭话："您好，您正在看的是我们公司推出的最新产品，若您感兴趣，我可以详细地介绍以下。"

当产品的某种特性与客户的需求相吻合时，用这种介绍方法接近客户十分有效。

2）服务接近法——当客户没有在看产品，或者设计顾问不知道客户的需求时，最有效的接触方法就是用友好和职业性的服务为客户提供帮助。一般情况下，可以单刀直入地向客户询问，例如，"您好，您想看看瓷砖？"

当客户在浏览时不愿意被别人打扰，可能会说："我什么都不买，只是随便看看。"遇到这种情况，设计顾问应以真诚的口吻说："没关系，您可以慢慢看，如有什么需要帮忙的，请随时叫我。"然后要注意，不要紧跟着客户，也不要紧盯着客户的一举一动，用视线的余光照顾到客户就可以了。

如果遇到或察觉到客户脾气比较暴躁，最好随他自由选择，待对方发问时再上前介绍。

2. 介绍品牌

当与客户初步接触后，接下来可借助 iPad 或互联网协同手机 App 工具给进店客户介绍品牌。

品牌介绍自检表见表 13-2。

表 13-2　品牌介绍自检表

项目	过程描述
什么时候参观了文化墙	
是否用 iPad 做展示	
讲了什么	
用了什么工具	
客户有什么反应	
你怎么回答的	

3. 定风格

（1）展示样板间效果图片。导购员借助样板间工具，给客户展示样板间效果图片，此时可利用电脑、iPad 或者手机等设备上提前存储的效果图，或借助 App 效果图展示平台。

（2）获取客户小区，看小区装修效果图。抓住客户的需求，获取客户所在小区，看其小区的装修效果图，即可以轻松自然地获取除了客户小区之外的地址、户型、面积、风格等，方便侧面了解更多客户需求和消费能力，做精准定位。

（3）带客户逛实体店样板间。在软件工具上介绍完产品后，可带客户去实体店样板间逛逛，增强体验感、真实感。

4. 介绍产品特性

凭知识储备，或借助样板间工具给客户详细地介绍他感兴趣的产品特性，尽量抓住客户需求，讲重点、要点。

产品特性介绍与案例展示自检表见表 13-3。

表 13-3　产品特性介绍与案例展示自检表

流程	项目	营销策略
产品讲解	讲了哪些产品和卖点	
	用了哪些工具	
	客户有什么反应	
	怎么应对回答的	

续表

流程	项目	营销策略
案例展示	展示了哪些案例	
	怎么展示的	
	讲了哪些客户案例	
	是否邀请参观在建工地/已建工地	
	客户有什么反应	
	怎么应对回答的	
标准灌输	灌输了哪些标准	
	什么时间灌输的	
	是否对竞品有针对性	
异议应对	提出了哪些异议	
	怎么应对回答的	
	客户有什么反应	

介绍产品特性的 FAB 法则。

F（Feature）：产品的某项特性，特别是产品某些特殊的优于竞争对手的功能特性。

A（Advantage）：分析产品特性的优势。

B（Benefit）：尽数产品带来的利益。

以瓷砖产品 PF8018 为例：这是聚晶微粉抛光砖，吸水率仅为 0.1%，远低于国家标准 0.5%，吸水率低的抛光砖不容易渗脏，便于清洁维护。

5．选产品

（1）二维码扫描。导购员可借助 App 营销平台，利用互联网科技，在样板上贴上二维码，让客户直接扫描，可以看元素图、看效果图、看产品特性、查询库存。

借助 iPad 或展示平台 App，存储好产品特性及图片，在给客户介绍产品时，既可辅助导购员介绍，也可提升导购员的技能，缩减企业对导购员的培养时间，使导购员快速轻松上岗。自行整理产品特性和图片时需要注意定期做好更新和同步，确保时效性，也可借助移动互联网进行数据自动同步。

（2）推荐产品四个化。导购员推荐产品记住四个"化"：差异化、重点化、设身处地化、通俗化。

要突显自家产品与别家产品的差异化；产品特性要重点突出；站在客户角度设身处地地为其介绍产品；尽量通俗易懂地介绍产品。

（3）获取客户手机号码，将效果图发送给客户。遇到客户喜爱的样板间图片或者意向产品时，为让客户把意向产品分享给家人，把效果图带回家任意看，可在这时获取客户手机号码，以把效果图或意向产品链接发送给客户。

6．做预算

（1）筛选产品，算数量。

（2）谈价格，确定金额。

（3）生成并交付意向单。

做预算特别需要注意平方与片数、片数与箱数的转换，避免人为因素导致预算方案不对。导购在给客户做完预算之后，要将意向单生成并交付给客户，常用方式有：打印、短信、订阅号。

7．离店

（1）给没选产品的客户发名片。

（2）给选了意向产品的客户发送产品浏览链接。

8．客户跟踪

（1）记录与完善客户信息，如图13-4所示。

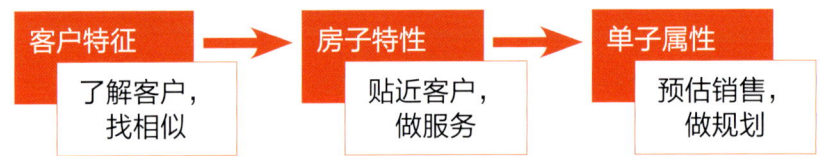

图13-4　记录和完善客户信息

（2）关注客户。在软件系统中可自动关注（如预算金额超5万元自动关注），或者手动关注。

（3）节假日问候客户。遇到节假日的时候，给客户发一条问候短信或微信，刷存在感，培养感情。

（4）发送产品活动资讯，促进下单。每当有产品活动资讯时，积极主动地给客户发送过去，真诚地邀请客户到店参加优惠活动，促进下单。

（5）填写客户跟踪记录及下次跟踪日期。在客户离店之后，导购员填写潜在客户信息登记表（表13-4），将潜客资料统一登记管理，避免由于人员调动、离职或其他因素导致资料流失。如使用软件统一登记，数据安全将能得到最大保障。客户信息登记表还可作为零售报备依据，避免发生后期扯皮情况。

客户跟进的6个关键动作如图13-5所示。

表 13-4 潜在客户信息登记表

日期		导购员			编号	
客户名称		联系电话			客户来源	
客户特征						
客户职业		年龄段		性格特征		
九型人格		签名笔迹		家里常住人口		
汽车型号		手机型号		是否已加微信		
爱好喜好		客户消费力		客户可说服力		○容易 ○一般 ○困难
特殊记忆点				转介绍意愿		
房子特征						
户型		面积分类		装修风格		
所属小区		地址				
装修进度		家装公司		设计师		
装修方式	○清包 ○半包 ○全包 ○套餐					
订单属性						
预算总金额		单子紧迫性		○不紧急 ○紧急 ○非常紧急	预计购买日期	
希望测量时间			希望安装时间			

潜在客户产品明细

使用场所	型号	品牌	产品分类	规格	单位	数量	标准价	折后单价	折扣	折后金额

潜在客户跟踪明细

跟踪时间	跟进人	跟踪内容	实施新方法	新感动点	预计最坏反应及对应方案	跟进方式	跟进状态	客户联系时间	跟踪结果	下次跟踪日期	下次跟踪目的

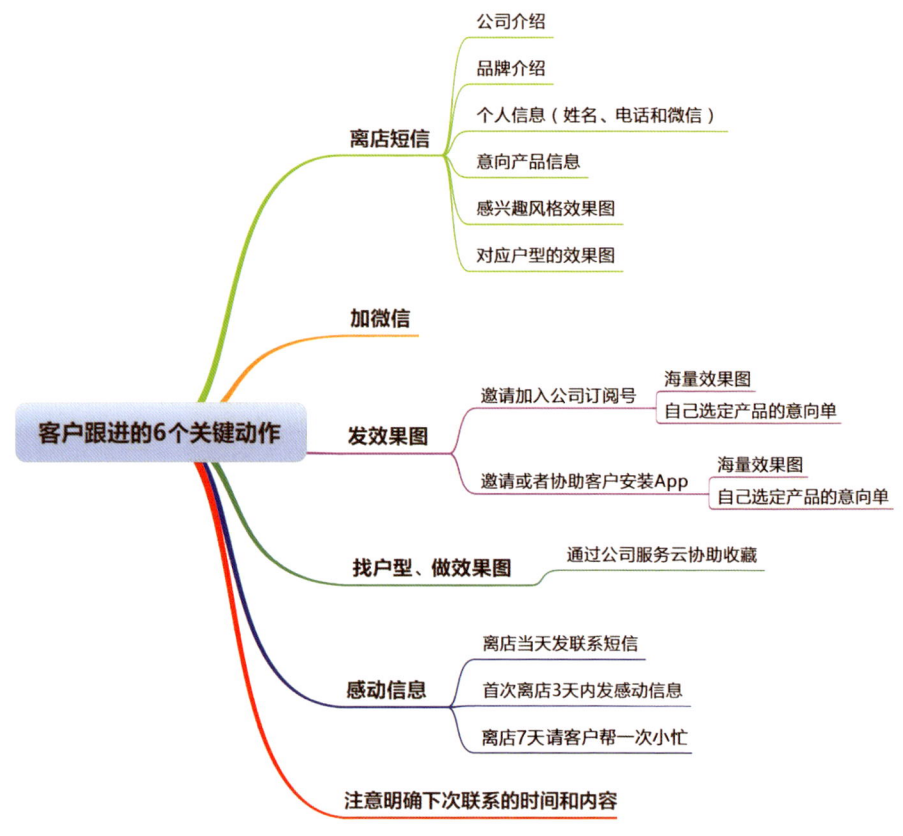

图 13-5 客户跟进的 6 个关键动作

潜在客户信息登记表主要由客户来源、客户特征、房子特征、订单属性、产品明细、跟踪明细组成。

1）记录客户来源有助于企业了解、分析获取客户的渠道的有效性，以便更好地开展渠道拓展工作。常见客户来源有：自然客流、客户介绍、市场拦截、联盟活动、家装设计、小区扫楼、网络推广、广告宣传、团购展销会等。

2）记录客户特征，如职业、年龄段、性格喜好、消费力、可说服力等信息。

通过大数据分析可知，相似人群在一定程度上选择也较为相似。因此，记录客户特征有助于投其所好。销售过程如能做到知己知彼，则成交率可大大提高。

针对不同年龄段客户的分析表见表 13-5。

表 13-5　针对不同年龄段客户的分析表

年龄段	分析
20～30 岁	
30～40 岁	
40～50 岁	
50 岁以上	

针对不同性格的客户采取的营销策略见表 13-6。

表 13-6　针对不同性格的客户采取的营销策略

九型人格	营销策略
1 号人格（完美型）	强调数据，分析好和不好
2 号人格（助人型）	请他多帮忙
3 号人格（成就型）	讲面子、讲速度、公开表扬
4 号人格（艺术型）	感受独特
5 号人格（理智型）	专家形象，讲深度，讲方案
6 号人格（忠诚型）	消除担心和顾虑
7 号人格（活跃型）	氛围、好玩，事情就怕自己做
8 号人格（领导型）	被重视，就按他的方法办
9 号人格（和平型）	得到承诺，不要变化，不会承诺时间

针对不同笔迹的客户要采取不同的营销策略，笔迹分析如图 13-6 所示。

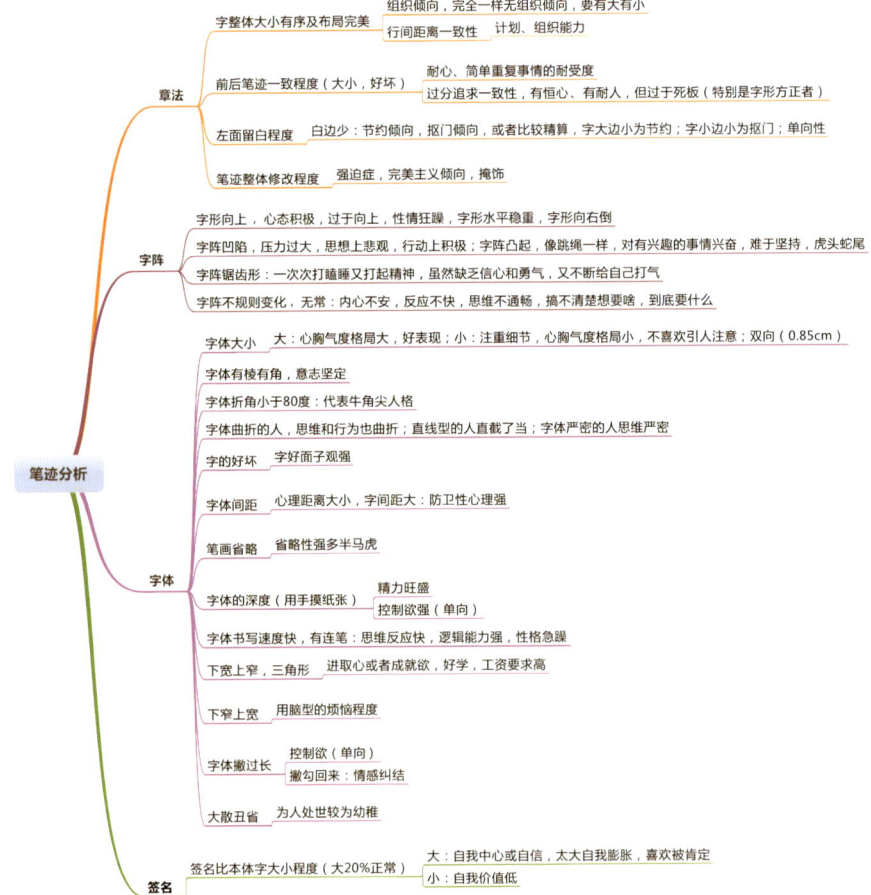

图 13-6 笔迹分析

3）记录房子特征，如小区、户型、面积、装修风格、装修方式、装修进度等信息。

一方面可从房子的信息中了解客户的购买能力，比如客户的房子位于高端的小区，那购买力是比较高的。另一方面可更好地服务客户，找共同点，比如在同个小区已有客户案例，更容易获得客户的信任。同时也因为有相同小区的案例，在测量等服务方面会更便利。

针对不同面积的客户的分析见表 13-7。

表 13-7 针对不同面积的客户的分析表

面积分类	分析
90 平方米以下	
90～120 平方米	
120～140 平方米	
140 平方米以上	

4）记录订单属性，如了解客户单子属性（单子是否紧迫，以及测量、安装日期，设计、采购出库的周期），以提前掌握和规划销售情况。

三、终端门店的 7 种留电方法

终端门店的 7 种留电方法如图 13-7 所示。

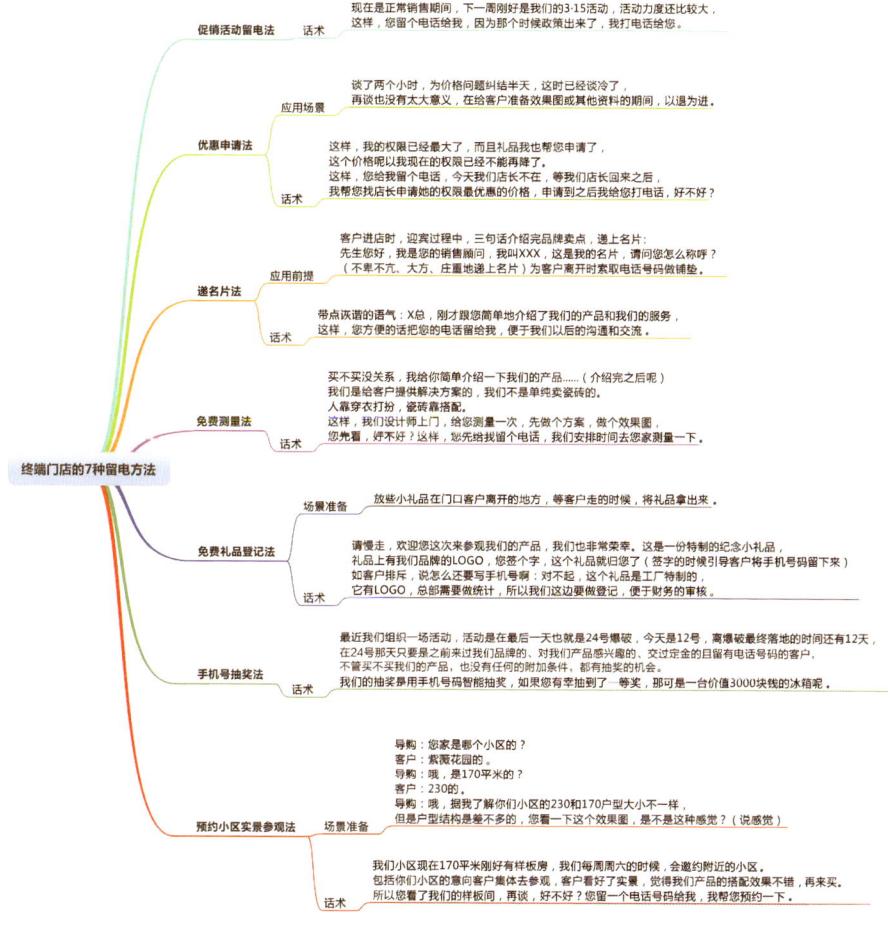

图 13-7　终端门店的 7 种留电方法

四、客户常见的购买信号

当客户出现购买的信号时,设计顾问就要停止产品介绍,转入建议购买的攻势中,机会稍纵即逝,要好好把握。

1. 语言上的购买信号

- 反复关心某一优点或缺点时。
- 询问有无赠品时。
- 征询同伴的意见时。
- 讨价还价,要求打折时。
- 关心售后服务时。

2. 行为上的购买信号

- 面露兴奋神情时。
- 不再发问,若有所思时。
- 同时索取几个相同产品来比较、挑选时。
- 不停地把玩、爱不释手时。
- 关注设计顾问的动作与谈话时。
- 不断点头时。
- 翻阅产品说明和有关资料时。
- 离开后又转回来时。
- 查看产品有无瑕疵时。
- 不断地观察和盘算时。

五、逼单的 11 个方法

逼单的 11 个方法见表 13-8。

表 13-8 逼单的 11 个方法

序号	逼单方法
1	非此即彼法:只给客户两种选择,让客户选其一。如:"您是要这种白色的,还是那种黄色的呢?"
2	试水成交法: 当客户钱紧时,他买不起价格高的产品。但他又顾及面子不愿承认这一点,针对这样的客户可以提出这样的建议:"您可以先订下这种型号的,我们让厂家发货,如果一周内您感觉不满意,再换那个型号也可以,您说呢?"实际上,客户来重新换购的可能性非常小
3	退让成交法:让客户感觉占了上风,同意购买,从而使交易成功。如: "如果我调整一下日程,星期一就给您送货,您可以订货吗?" "价格是不能再低了,上个月做促销活动时还有件赠品,可以送给您。"

续表

序号	逼单方法
4	顺水推舟，主动提示客户签单
5	送点惊喜，让客户签单（对实惠型、经济型客户有效）
6	利用情感，让客户帮忙（与客户建立朋友关系）
7	利用服务口碑取胜，让客户签单
8	利用优惠政策时限，促使客户签单
9	利用产品的有限性和紧急性，促使客户签单。"你是住XXX小区的吧，在你们小区有一个客户半个月前买了我们的××型号的产品，非常满意。前天，他又带领他的同事到这儿买了同样的产品了。"
10	利用从众心理打消疑虑，促使客户签单
11	询问并打消客户的真正疑虑，促使客户签单

六、潜客大数据分析

通过登记的潜客数据可进行进店客流量分析、潜客失败原因分析、客户结构分析、导购成单能力分析（成交率、客户单值、毛利率、过期率、失败率、全套占比、二次转换率）、产品关注度分析、样板间热度分析。具体的分析报表可参考执行看板制作。

（1）**进店客流量分析**：主要分析门店客流量、成交户数及成交率的走势，可由此得知是客流量的增减，还是成交率的增减影响到了门店的业绩。具体案例（海马店国庆期间进店客流量分析）如图13-8所示。

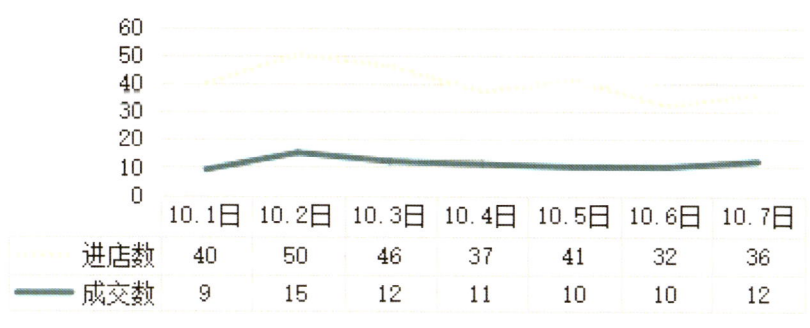

图13-8 海马店国庆期间进店客流量分析

（2）潜客失败原因分析：主要分析跟进客户失败的原因，每个月针对几个主要失败原因进行分析，找到改进的方法，提高成交率。具体案例（综合店当月潜客失败原因分析）如图13-9所示。

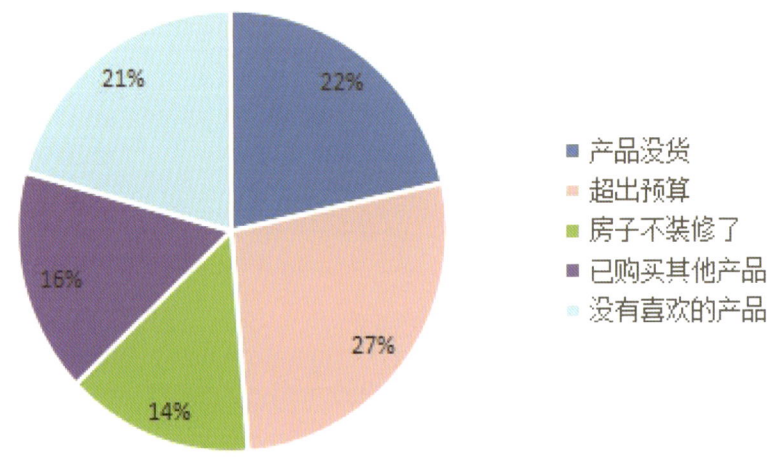

图13-9　综合店当月潜客失败原因分析

（3）客户结构分析：主要是从客户来源信息分析潜客数和成交数，然后针对某一种来源的客户，制订相应的政策进行突破。具体案例（金沙店当月客户来源分析）如图13-10所示。

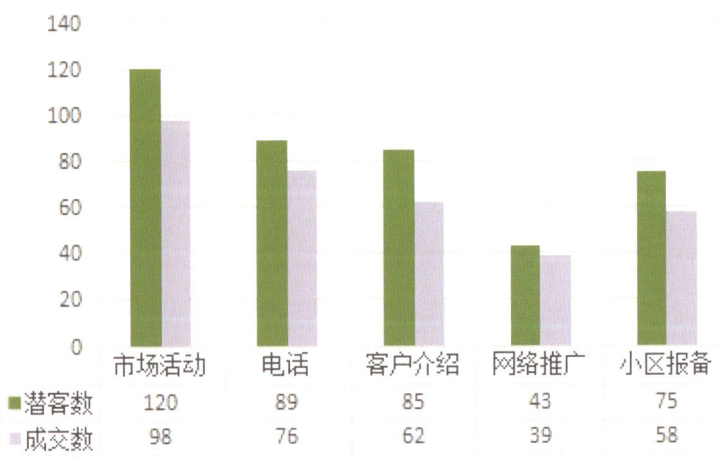

图13-10　金沙店当月客户来源分析

（4）导购成单能力分析：主要分析导购接待潜客的数量、成交数量、成交金额等数据，可以直观看出某导购的成单能力。具体案例（天河店当月导购成单能力分析）如图13-11所示。

姓名	意向客户数	成交客户数	成交率	成交总金额	客户平均单值	全套占比
陈晨	82	29	35.37%	246,000.00	8,482.76	70%
李莉莉	82	22	26.83%	96,640.00	4,392.73	10%
王方勇	63	17	26.98%	150,000.00	8,823.53	60%
李嘉	61	18	29.51%	240,000.00	13,333.33	79%
黄伟林	64	21	32.81%	264,000.00	12,571.43	80%
张泽凯	71	13	18.31%	32,000.00	2,461.54	10%
肖文	30	9	30.00%	61,950.00	6,883.33	20%
合计	453	129	-	1,090,590.00	8,454.19	-

图13-11　天河店当月导购成单能力分析

（5）产品关注度分析：主要分析产品被关注的次数及形成订单次数，进而分析哪些产品更容易引起客户关注及关注后的成交情况。具体案例（海马店当月产品前五款关注度分析）如图13-12所示。

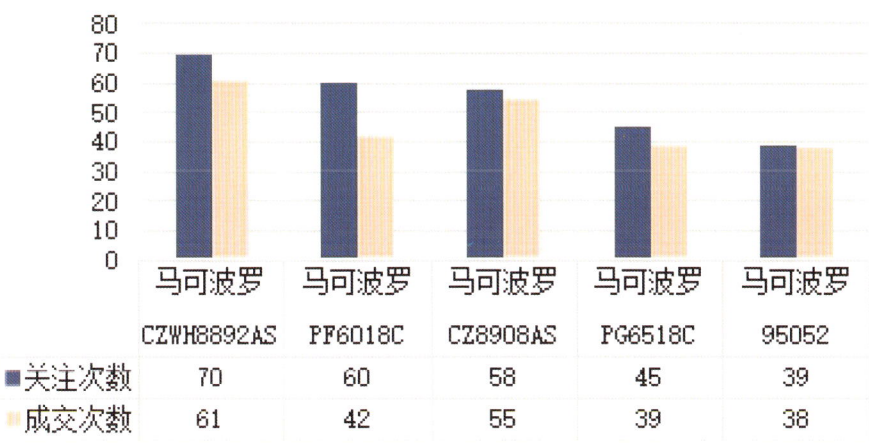

图13-12　海马店当月产品前五款关注度分析

（6）样板间关注度分析：主要通过登记的潜客数据，统计出样板间关注度的排行，以针对实际情况进行样板间的设计或者调整。具体案例（至尊店排行前十的样板间关注度分析）如图13-13所示。

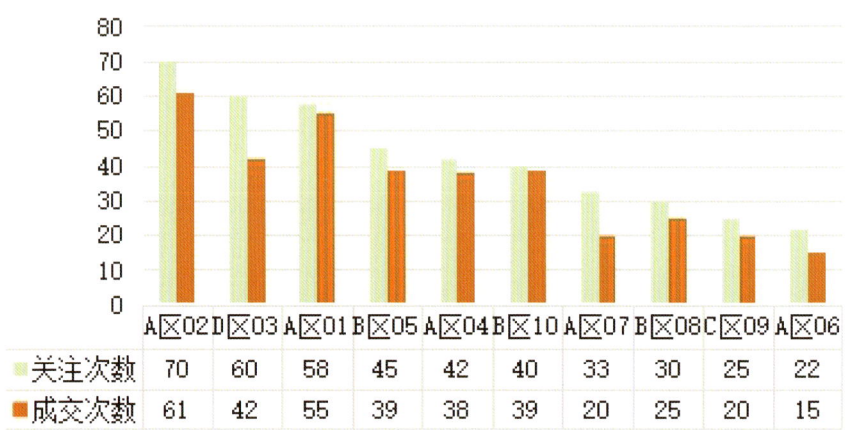

图 13-13　至尊店排行前十的样板间关注度分析

◆ 拓展阅读

一、导购员的角色定位

导购员是指在零售终端通过现场服务，引导客户购买产品、促进产品销售的人员。在各类卖场中，导购员与客户的接触最为频繁，导购员的言谈举止、工作态度直接关系到企业的品牌形象、宣传效果、零售业绩、客户忠诚度等。有的导购员深受客户的喜爱而为卖场吸引许多回头客，而有的导购员却让客户难以接受。所以，导购员的服务水平既影响到企业在客户心目中的形象，又影响和制约着企业的整体管理水平和绩效。导购员的角色定位如下所述。

（1）客户的良好参谋：一名优秀的导购员，必须首先了解客户的购买需求，或者在客户不清楚自己的需求时，能够帮助他明确需求，然后从这个需求出发，为客户推荐合适的商品，并促使其做出最佳选择。这样，既达到了使客户获得利益的目的，又实现了商品的销售。

（2）企业与客户沟通的桥梁：在商品销售的众多环节中，导购员销售是企业最贴近客户的一环。导购员要在充分了解自己所销售的产品的特性、使用方法、用途、功能、价值的基础上，结合客户的实际情况，为客户提供满意的服务、合理的建议和帮助，以此来征服客户，压倒竞争对手。同时，导购员在与客户的沟通过程中，会获得客户许多的信息反馈，因此导购员最了解客户的心理感受和需要。处在激烈的市场竞争中，企业能及时了解这些信息，无疑是至关重要的，因为只有准确及时了解这些信息，企业才能更好地为客户提供满意的产品和服务。

（3）形象代言人：导购员面对面地直接与客户沟通，其一举一动、一言一行在客户的眼中就代表着企业（品牌）的形象。客户进店后，首先接触到的是导购，导购给客户提供的服务、留下的印象可直接折射出品牌的文化、内涵、实力。导购的一举一动、一言一行都代表着企业（品牌）的形象。

二、导购员的必备素质

导购员素质的高低，直接关系到导购的成败和绩效的优劣。需要提出的是，一名优秀导购员，一方面与其先天的禀赋和资质有很大关系；另一方面，后天的学习和锻炼对其素质和技能的提升，起着巨大的推动作用。一个合格的导购员必须具备以下基本素质。

（1）导购员要有良好的精神面貌、气质和亲和力：导购员在上班期间要精神饱满，装扮适度，微笑服务，才能使客户产生一种信任感，这是销售工作的开始。

（2）强烈的成功欲望：对导购员而言，成功欲望就是要有"我一定要把产品卖给客户"的信念。强烈的成功欲望是导购员对工作有责任心、对企业忠诚、对客户有热情和对事业有奉献精神的结果，能使导购员发现或创造出更多的销售机会。一旦销售成功就会有一种成就感。

（3）热情、友好的服务态度：热情、友好的服务能吸引客户、创造销售机会、缔造销售佳绩。

1）首先，服务首先是态度问题。导购员面对的是人，销售是心和心的交流，导购员要用热情去感染对方。热情所散发出来的活力与自信，会引起客户的共鸣。

2）其次，服务是方法问题。导购员向客户提供的服务包括有偿及无偿服务。前者包括对客户的优惠、提供的奖品等；后者包括五个方面，即正确的礼仪、亲切而专业的建议、有价值的信息、售后服务、购物的乐趣和满足感。

（4）敏锐的观察力和洞察力。

1）捕捉商业信息的能力。导购员应大致了解自己所负责销售的商品的领域，并能有效地抓住相关商业销售的主流与重点。

2）发掘客户信息的能力。导购员初次接触客户时，应能通过对其外表如着装、发型、年龄、气质等方面的观察，大致判断出客户的职业、消费档次、消费倾向与偏好、购买欲望等内在信息，为进一步与客户沟通做好准备。

（5）熟练的导购技巧：导购员要掌握产品知识、客户心理、导购技巧及相关知识，更需要具备创新能力。相同的意思用不同方式进行表达会导致不同的结果，导购员要让客户不知不觉地接受所传达的商品信息，并在与客户的沟通中，把握客户的真实想法，所以导购员必须拥有良好的沟通技巧。而如果想要以合理的价格成交，导购员还要掌握一定的谈判技巧。

（6）丰富的产品知识：当然企业不能按照专业技术人员的标准要求导购员掌握产品的专业知识和制造工艺，但应要求导购员掌握产品的有关知识。因为丰富的产品知识可增加导购员的勇气，会使导购员在与内行人对话时更有信心，以更有效地处理客户异议，进一步赢得客户的心。

（7）勤奋的工作精神：导购员在工作中要有一种不怕吃苦、勤奋工作的精神，有与客户沟通的强烈欲望。这样才能得到满意的回报。

（8）身体素质：身体素质应当引起每个导购员的重视。在一天的工作中，导购员的精神与体力的消耗是相当大的，因此导购员只有拥有健康的身体，才能够精力充沛、头脑灵活，从而为客户提供愉悦的购物体验。

三、导购员的言行规范

导购是一份经常与人打交道的工作，适宜的言语、体态、手势、眼神等，会让其与客户的沟通事半功倍，相反，如果导购员对这些礼貌礼仪的细节把握不好，则容易让客户感到不舒服。因此，导购员要在服务用语、肢体语言、服务礼仪等方面多下工夫。

1. 站的规范

导购员接受客户咨询时应时刻保持站立姿势，精神饱满，面带真诚的微笑，双手合置于身前，抬头挺胸，仪态自然，对距自己五米以内的每一位客户都主动点头示意，在征求客户意见后，站在样品的左侧50～70厘米远的地方为客户介绍产品。

2. 说的规范

导购员应保持主动的销售意识，针对不同的情况，及时对光临的客户礼貌问候，主动介绍，让客户在愉快的气氛中接受导购员的推荐，促成销售。导购员在整个销售过程中，尽量用热情的服务来打动客户，感染客户，但不必过于谦卑。工作中使用礼貌用语，做到彬彬有礼，和蔼可亲。

（1）规范用语：
- 导购员应先开口而不要让客户先开口，掌握主动权。
- 回复客户咨询时态度真诚热情，语调清晰温和，目光热情自然。
- 将注意力集中在客户身上，认真听客户的询问。集中视线，不左顾右盼，不与自己的亲朋好友在现场交谈。
- 熟练使用"您好""请""再见""对不起""谢谢"等礼貌用语，严格按照现场促销规范解说进行咨询讲解，不得随意改变。
- 每一位距样品三米范围内和远处注意企业产品的客户都是服务的对象。远距离应微笑点头示意，近距离应问候"您好！"，以显示良好的修养。禁说商业服务行业忌语。针对不同情况的用语见表1。

表1 针对不同情况的用语

不同情况	针对性用语
见到来卖场的客户	"您好，欢迎光临！"
称呼客户	应使用您、老师、师傅、先生、女士、小姐等礼貌称谓
对购买客户表示感谢	"谢谢您！""欢迎再次光临。"
对未购买者	可使用"没有关系。""欢迎下次光临。"等鼓励性话语
对不能立刻接待客户	"对不起，让您久等了。"
介绍产品时	"请您看一看我们的产品介绍，好吗？"等
让客户等待之后	"抱歉，让您久等了。"
在请教客户时	"对不起，请问您贵姓？"
在向客户道歉时	"非常抱歉，给您添麻烦了。"

（2）禁忌用语：
- "你自己看吧。"
- "绝对不会出现这种问题。"
- "这肯定不是我们的原因。"
- "这么简单的东西你也不明白。"
- "我只负责卖东西，不负责其他的。"
- "想好没有，想好了就赶快交钱吧。"
- "没看我正忙着吗？一个一个来。"
- "我们没有发现这个毛病呀。"
- "你先听我解释。"
- "你怎么这样讲话？"

3. 做的规范

（1）每天按照企业要求将所有的样品擦拭一遍，保证样品无灰尘、无污迹，光亮整洁如新。

（2）给客户介绍产品时，要耐心细致，不急不躁，不厌其烦，把每位客户当成自己的亲友接待。不得与客户发生任何争执事件。每位导购员应时刻牢记，每失去一位客户将使企业失去 25 名潜在客户。

（3）熟练掌握每项咨询技能，在客户大量涌来时要应付自如，能够做到"送一答二照顾三"，即：送走第一批客户的同时，回答第二批客户提出的问题，同时照顾第三批来咨询的客户。

（4）导购员必须能使用标准普通话准确地向用户介绍各种型号产品的特点、性能。

（5）导购员在咨询过程中切忌有贬低同行产品的语言、行为，掌握说话的技巧，既不与同行业导购员发生冲突，又能突出我公司代理产品的特色。

四、导购员的服务规范

1. 导购服务的 5S 原则

（1）微笑（Smile）：微笑可体现感谢的心与心灵上的宽容，可表现开朗、健康和体贴。

（2）迅速（Speed）：以迅速的动作表现活力，不让客户等待是服务水平的重要衡量标准。

（3）诚恳（Sincerity）：时刻保持真诚是导购员工作的基本原则。

（4）灵巧（Smart）：以灵巧和优雅的身体语言来获得客户的信赖。

（5）研究（Study）：要时刻学习和熟练掌握商品知识，研究客户心理以及接待与应对特殊情况的技巧。

2. 服务规范

（1）言语举止符合规范。

（2）对产品及相关专业知识娴熟，当客户的好参谋，不浮夸产品功能或功效。

（3）热情、自信地待客，不冷落客户。

（4）客户较多时，应"送一答二顾三"。

（5）耐心待客，不得不耐烦。

（6）为客户拿产品或进行包装时应熟练，递给客户时应使用双手。

（7）收银、找钱，应使用双手。
（8）无论客户是否购买，都应文明待客、礼貌送客。
（9）不强拉客户。
（10）不中伤竞品。

第十四章

促销活动管理

活动方案策划如何做到井井有条？
活动方案费用预算如何管控及高效执行？
泛家居企业有哪些活动方案？
如何跟进促销任务的完成情况？
如何从促销活动的数据分析促销效果？
如何对促销活动进行有效评估？

促销活动导图如图 14-1 所示。

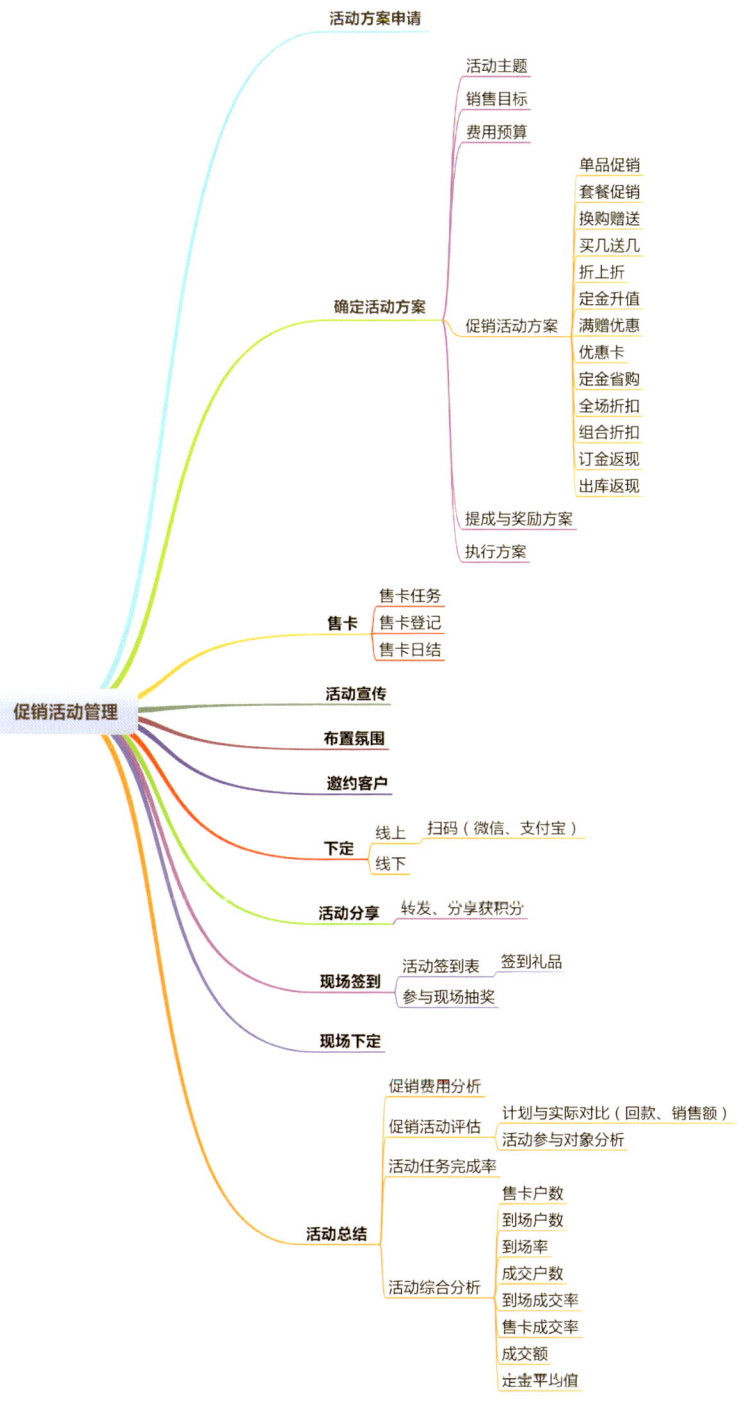

图 14-1　促销活动导图

马尔科姆·格拉德威尔的《引爆点》被《福布斯》评选为20世纪最有影响力的20本商业图书之一，本书非常精辟地总结了产品引爆的三大关键点。

对于泛家居企业来说，一场促销活动的成功，跟信息携带（广告）和传播者，活动方案是否有可信、过目不忘、留下深刻印象及促销的环境、氛围及便利性密切相关。

营造良好的竞争氛围，激发团队的狼性，保证活动的执行彻底到位。泛家居企业应该时刻关注市场变化，迎合消费者需求，学会结合市场现状随机应变，保障每次活动的顺利执行，更大范围地扩大活动成果。因此可以从对应的促销政策、促销活动的员工任务和激励、促销活动工作规划、促销活动数据分析这四个方面入手。

一、泛家居企业促销政策

泛家居企业促销政策见表14-1。

表14-1 泛家居企业促销政策

促销政策	相应软件中的功能说明
日常价格权限	在销售过程中不同职位的管理人员能给客户的价格不同，可以通过价格审批设置
换购赠送	实现销售额或收款额达到一定范围，可赠送商品，赠送可以是具体商品，也可以定义赠送商品的品牌、产品类别、产品系列、产品规格，供客户自由选择
买几送几	实现购买某种商品一定数量，可赠送商品，赠送可以是具体商品，也可以定义赠送商品的品牌、产品类别、产品系列、产品规格，供客户自由选择
折上折	在原设定的折扣（由价格审批设置）中，通过促销方案中的折上折，可以在原折扣上再打折，不用审批
定金升值	客户交的定金可以升值，如交200元定金可当400元使用。①增加定金升值费用类商品，结合价格审批设置与促销活动方案设置，判断定金升值部分是否满足，如果不满足需要审批。②定金升值部分金额摊到对应的商品中，需要在分摊定义中设置好需要参与核算与分摊的产品分类，在销售订单中点"更新定金升级折扣"进行分摊
满赠优惠	实现购买一定金额时，优惠对应的金额，需要在分摊定义中设置好需要参与核算与分摊的产品分类，在销售订单中点"满赠折扣"进行分摊
单品促销	使用促销价格表，实现单品促销
促销套餐模板	①实现商品自由组合。②实现按品牌名称、商品类别、商品系列自由组合，在订单上可选择对应类别商品，并控制数量，类别一样才可以享受套餐价格，在销售订单中点"更新套餐信息"进行分摊
优惠卡	实现购买优惠卡，可以优惠一定的金额，如购优惠卡100元，可当200元使用，在销售订单中点"享受优惠卡活动"产生对应费用类商品

续表

促销政策	相应软件中的功能说明
定金省购	实现交付一定的订金，可优惠一定比例金额，需要在分摊定义中设置好需要参与核算与分摊的产品分类，在销售订单中点"更新定金省购折扣"进行分摊
全场折扣	实现全场商品打折，需要在分摊定义中设置好需要参与核算与分摊的产品分类，在销售订单中点"更新全场折扣"进行分摊。
组合折扣	实现购买对应组合类别，如品牌、商品类别、商品系列可以有对应的优惠，在销售订单中点"更新组合折扣"进行分摊。
活动返现	实现活动返现功能，有两种情况：①根据订金金额，在不同的范围内，可返现不同金额；②根据出库的商品、产品分类、品牌，定义返现条件，增加返现核算表，实现返现支付

二、促销活动的销售人员任务和激励

促销活动期间泛家居企业接待的客户数量上升，销售人员工作的时间相对较长，如果不制定销售任务和激励措施，其工作的主动性和积极性就不高，容易出现来了客户没人愿意接待、接待客户也不会全力以赴的情况。只有压力还不行，有了压力还要有拉力，为销售人员制定达成目标的激励措施，在有多个店面的情况下，分团队制定任务和激励措施，在团队之间形成竞争机制，才能把销售人员的潜能发挥到最大。

泛家居企业常用的活动奖励方案如图 14-2 所示。

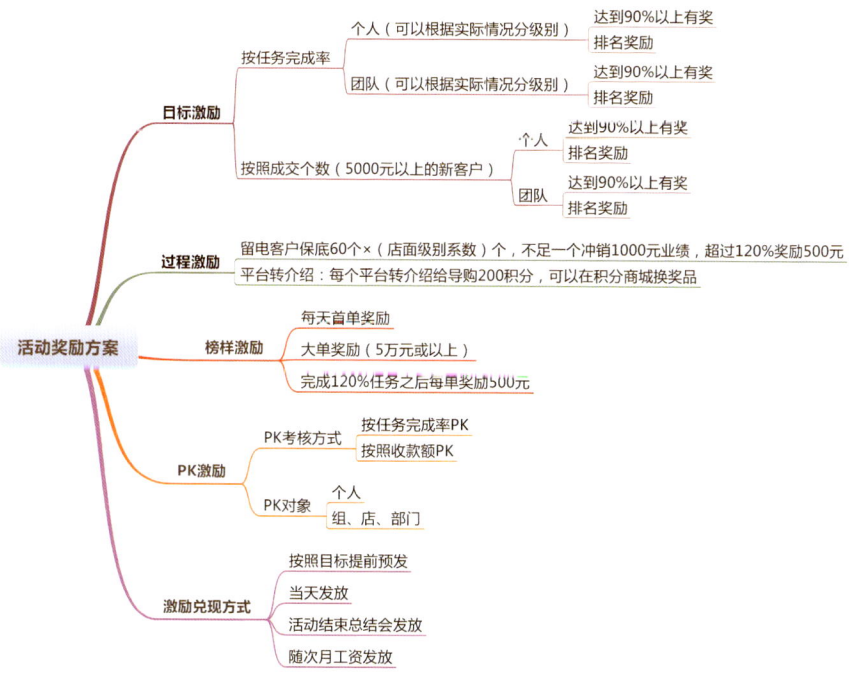

图 14-2 泛家居企业常用的活动奖励方案

泛家居企业促销活动的员工激励形式如图 14-3 所示。

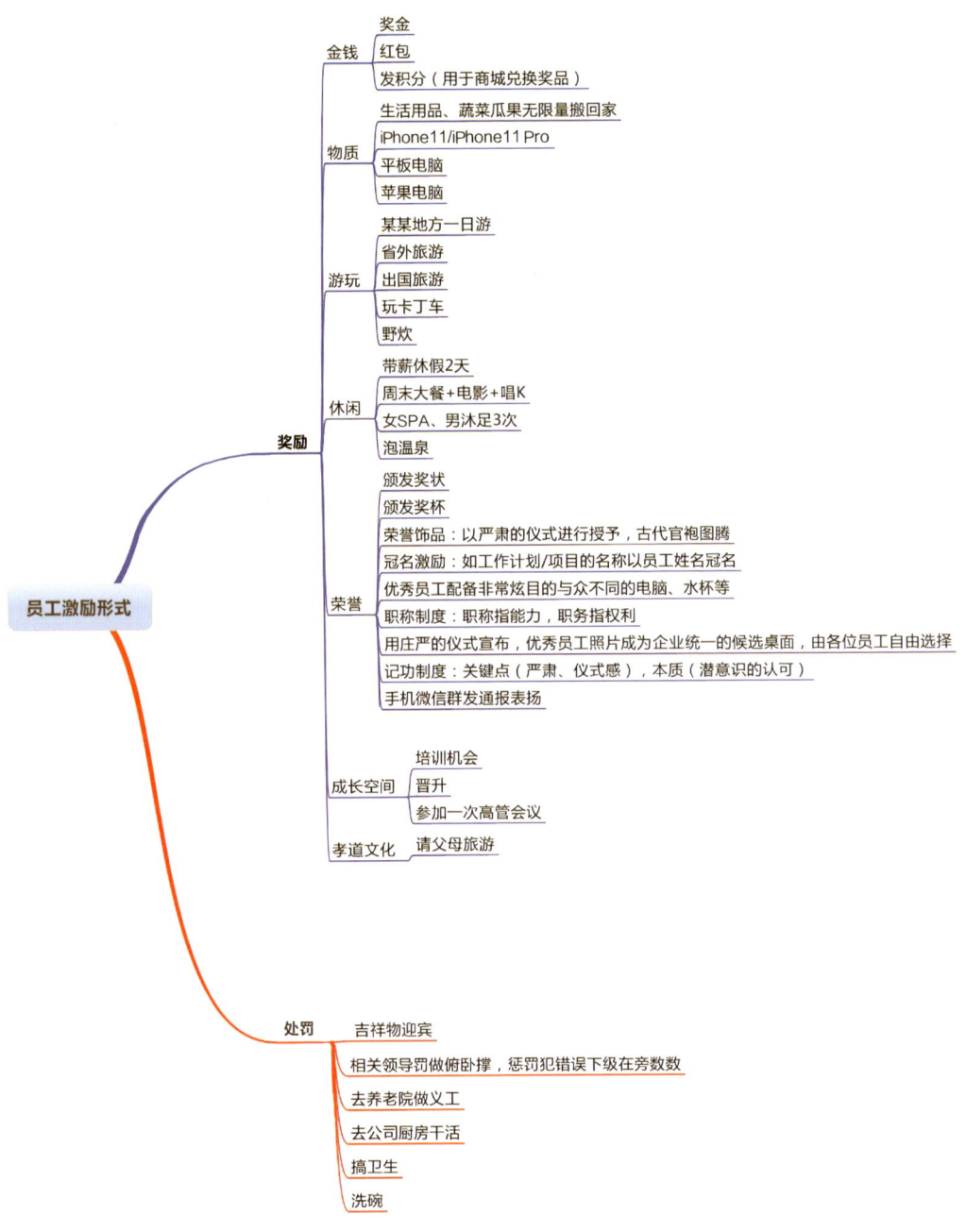

图 14-3 泛家居企业促销活动的员工激励形式

三、促销活动工作规划

泛家居企业开展促销活动频繁且形式多样，因此策划方案较复杂。泛家居企业促销活动工作纲要如图 14-4 所示。

图 14-4 泛家居企业促销活动工作纲要

1. 活动售卡

目标客户是促销成功的前提条件，如果没有充足的目标客户，促销活动很难达到预期的效果。所有针对每次促销活动要制定好销售人员的售卡任务。针对目标客户销售现场邀约卡。

衡量目标客户的3个标准：有详细的客户信息（姓名、电话、地址）、有明确的购买意向、有意愿到活动现场。

目标客户收集的4个渠道：已经订购的老客户、已经到过店面的未订购的客户、异业品牌的客户资料、小区推广和家装。

锁定这些渠道之后，泛家居企业给销售人员或全体人员分配目标客户的邀约任务，同时制定相应的激励措施，使全员参与到目标客户的邀约当中。

泛家居企业开完动员会和布置完相应的工作后，还必须确保销售人员要按照要求去执行。首先要把目标任务细分到具体的人和具体的时间段，及时对任务的执行情况进行跟进；其次要对执行工作的情况进行监督检查，看其是否在按照要求推进；再次在执行环节出现偏差时，要及时找到原因并进行纠正；最后奖励执行期间目标达成好的个人和团队，及时树立榜样。

2. 活动宣传

很多经销商做活动，只做几个X展架、单页，挂几幅吊旗。客户只有到了店面才知道在做活动，很多目标客户都被竞争对手的广告吸引走了，所以投放广告时，务必做好区域媒体受众率的分析，做到广告投放覆盖面广、投放力度大，实现聚焦。

3. 布置氛围

为了确保促销活动真正在爆破的当天能够人流如织，在引爆之前的一段时间，通常都需要做大量的活动宣导和集客动作（终端拦截、门店蓄水、推广蓄水、信息收集、老客转介绍等），然后才有希望在爆破当天吸引客户走进门店实现成交。

那么如何布置促销现场，让客户愿意来，让客户愿意留下来，最后让客户愿意买东西，自然就显得尤为重要了，否则花了好大力气吸引来的客户，最终走进市场成了竞争对手的客户。从客户的角度出发，最有效的做法如下：

（1）市场的布置。其应重点考虑如何引导客户尽快找到自己的门店。当客户走进市场时，能看到促销活动信息，那么客户内心是踏实的，觉得自己没有走错市场；另外当客户走进市场以后，还需要在通道上做促销广告的宣导指引，或者布置促销活动地贴引导，这样才能让客户顺利找到活动门店。

（2）门口的布置。门口的布置应重点考虑让更多的客户愿意走进来，所以门口的气氛必须诱人。门口的气球拱门、较为有创意的KT板造型门头、活动宣传单页创意折纸门帘、创意折纸橱窗内贴、X展架、易拉宝、活动信息大地贴等，这些都在诱惑客户走进门店。

（3）店内的布置。客户走进门店后，店内的氛围布置需要让客户在店内停留时保证客流秩序规范，因此店内的布置一定要突出各个功能的分区，比如签到台、产品区、洽谈区、收银区、领奖区、产品体验及试用区，可以用地贴的形式加以区分，这样的分区加上真正活动时人员的引导，就会让活动现场的客户井然有序。

（4）产品的布置。销售中产品的布置就是为了让产品自己说话，促销活动就更是如此了，所以此时需要给产品穿上华丽的外衣，让产品生动起来，例如在相应产品上用爆炸贴做好标记（特价产品堆头、活动套餐产品堆头，销售冠军产品、店长推荐产品、形象产品标示等），以烘托产品，区别于平时的销售。

（5）礼品的布置。促销活动中礼品一般有三个作用：一是吸引上门，也就是进店礼；二是刺激留下，也就是通过送礼品以让客户愿意留下；三是诱惑购买，就是购买就有礼。因此需要分别做好礼品的堆头，进店礼、刺激礼、诱惑礼的堆头分别布置在不同地方，既可以让客户多次接触到礼品，又可以促使客户上门后能够多停留，直到最终成交。

（6）人员的布置。在促销活动中人员也应当区别于日常的销售，让客户看到后犹如过节，所以人员在着装上也应当有别于日常的销售，每个人统一着活动专用装，身披一条红色绶带，保持笑容，这样可让客户感觉良好，也会减少客户议价的空间。

（7）背景的布置。这里所说的背景布置，其实就是整个门店的背景氛围的烘托，当客户在店内留下来后要让其感觉热闹喜庆，于是需要有良好的灯光氛围、活动介绍的声音、背景音乐、活动中的收银唱票的声音、限时抽奖的播报、中奖信息的告知等，以激发其购买欲望。

4. 邀约客户

活动前一至三天，导购员、业务员电话邀约客户，并统计预计到场户数、人数及统计各乘车点的人数并上报给活动专车接待部门（此处考虑将统计到场户数、人数及接送地点在ERP实现，具体事项待定）。

5. 下订

客户在活动前已经交订金，报名参加活动的，要在客户订金单上注明。

6. 活动分享

首先客户必须在交订金后注册成为企业会员，注册成功后即具备转介绍资格（如微信扫码公众号、服务 App 注册等）。

所有会员介绍新客户交款成功均有奖励，重复购买客户也纳入转介绍范围。

由企业负责客户转介绍品牌官方宣传活动（线上宣传、线下海报等）。

销售服务一体化经销商可设置现金、积分、代金券和服务券等，客户可使用积分到门店或礼品兑换商城进行礼品兑换。

7. 现场签到

活动当天，所有到场客户凭活动卡到既定的扫描签到处扫描签到并于签到处领取礼包。系统管理员需提前准备好现场环境 [扫描枪、网络、连接扫描枪的电脑，每个扫描枪配一台电脑（笔记本、台式机皆可），保证网络畅通]，负责签到扫描的操作员在 ERP 系统增加刷卡签到表。

8. 现场下订

到场客户签到进场后，在收银处排队交订金时，需出示活动卡。收银员扫描活动卡上的条码后，系统依据活动卡号，自动调出客户信息，收银员输入收款金额并按下回车键，即收款成功，同时系统会自动依次打印出收据。收银员给客户的收款小票盖章，客户凭盖章小票依次到收据打印处签字领取收据。

9. 活动总结

根据售卡任务对比实际售卡情况，统计每个人和每个部门的售卡任务完成情况。

售卡客户到门店来交钱成单，门店相关人员记录收款情况。

四、促销活动数据分析

售卡综合分析：针对某次活动的售卡和签单客户情况、收款情况、转订单和转出库情况的综合分析。具体案例（2017 国庆大促活动日期：从 2017 年 9 月 27–10 月 10 日）见表 14-2 和表 14-3。

表14-2 促销活动数据分析1

售卡部门	售卡数	到场数	到场率	订金金额	订金户数	现场户数	订金平均值	订单金额
红星店	30	30	100.0%	60,000	30	30	2,000	64,400
琶洲店	28	26	92.86%	47,600	28	28	1,700	37,500
吉盛店	25	23	92.00%	30,000	25	25	1,200	32,500
增城店	34	33	97.06%	51,000	34	34	1,500	54,000
居然店	25	25	100.0%	32,500	25	25	1,300	32,200
合计	142	137	96%	221100	142	142	7700	220600

表14-3 促销活动数据分析2

售卡部门	订单户数	订单平均值	订单转化	全房户数	全房率	出库金额	出库户数	出库率
红星店	28	2,300	93.33%	12	40%	20,700	9	30%
琶洲店	25	1,500	89.29%	11	39%	14,500	6	21%
吉盛店	25	1,300	100.00%	15	60%	23,000	16	64.00%
增城店	30	1,800	88.24%	12	35%	34,900	23	67.65%
居然店	23	1,400	92.00%	14	56%	10,0000	7	28.00%
合计	131	8300	92%	64	0	103100	61	43%

◆ 拓展阅读

一、常见的促销活动文案

1. 售卡

本次活动以"售卡"（VIP入场券）为蓄客方式。

活动"VIP入场券"每张价值100元，100元不抵用货款，客户凭此卡才能参加所有现场活动。

活动当天凭"VIP入场券"签到可领取"马可波罗瓷砖五一活动礼品包"一份。

2. 五一全屋惠，整包 XX 元（套餐促销）

活动期间，XX 元搞定全屋瓷砖（含客厅平方米地砖；厨房平方米墙砖，平方米地砖；卫生间平方米墙砖，平方米地砖；超出部分按适时价格购买），单独购买该套餐的客户加 400 元送货和上楼费用。套餐促销详细情况见表 14-4。

表 14-4 套餐促销

客厅（平方米）	CH8812AS	CZ8068AS	CH8352	CH8013
	元/片	元/片	元/片	元/片
厨房(平方米墙，平方米地)	M45178	M45003	MK3023	MK3342
	元/片	元/片	元/片	元/片
卫生间（平方米墙，平方米地）	CH6118	CH6112	93032	93744
	元/片	元/片	元/片	元/片

注：以上产品任意选择。

3. 五一真石惠，5.1 平方米真石免费送（买几送几）

活动期间，购买 XX 平方米以上客厅任意真石产品，免费赠送同款真石 5.1 平方米（8 片），赠送真石使用空间为厨房、卫生间。

4. 五一特价惠，特价任意选（单品促销）

单品促销详细情况见表 14-5。

表 14-5 单品促销

产品系列	产品型号	产品规格	5.1 特价（元/片）	备注
爆款	CZ8892AS、CH8802AS、CH8803AS、CZ8093AS、CZ8063AS	800×800		超低产品，不参加其他活动
真石系列	CT8048YS（奥特曼）	800×800		重点销售产品
	CT8092AS、CT8098AS（汉唐国玉）	800×800		
	CT8690AS（宫廷玉石）	800×800		
	CT8050AS（云朵拉灰）	800×800		
	CT8063AS（菲亚米黄）	800×800		
	CT8038YS（皇室米黄）	800×800		

续表

产品系列	产品型号	产品规格	5.1特价（元/片）	备注
全抛釉系列	CZ8978AS	800×800		重点销售产品
	CZ8902AS、CZ8908AS	800×800		重点销售产品
	CZ8160AS、CZ8162AS	800×800		
	CZ8312AS、CZ8318AS	800×800		
E石代系列	CZ6613	600×600		
V系列	FA1903、FA1908	165×165		重点销售产品
E系列	FA1302、FA1308	165×165		重点销售产品

5. 五一正价惠，满千省百（满赠优惠）

活动期间，购买正价产品，每满1000元，立省100元。

6. "五一狂欢"——20000 m^2 木纹砖，疯狂买送（换购赠送）

购买马可波罗瓷砖现场交定金10000元，即送5平方米维森1295地板砖，型号FP9026；每增加5000元定金加送3 m^2，以此类推。

7. 五一定金惠，最高直省5%（定金省购）

活动期间，交定金满5000元，全款优惠2%；交定金满10000元，全款优惠3%；交定金满20000元，全款优惠5%。（爆款、全屋套餐和零利爆款不享受此活动。）

8. 五一定金超值（定金升值）

在活动前交定金200元的客户，其200元定金可当400元货款用，不可累计享受此优惠，需销售额在5000元以上且每户只可享受此优惠一次（惊爆价除外）。

9. 五一特别惠，零利爆款线上抢（线上抢购）

活动期间，天猫专供零利爆款产品（零利产品需要线上核销），专享网购的价格、实体的便捷（FP6013、FP6023淘宝价8.8元/片）。

10. 五一有好利（全场折扣）

活动开门红，仅此两天，全场正价8.8折。

11. 五一惠动全城，折后再折（折上折）

活动期间，全场9折，满20000~100000元，再打0.88折，超过100000元，再打0.8折，机会不容错过。

12. 五一神秘返现（定金返现）

活动当天，现场交定金 1 万 ~2 万元，返现金 400 元；订单金额为 2 万 ~3 万元，返现金 1000 元；订单金额为 3 万 ~4 万元，返现金 1500 元；订单金额为 4 万元以上，返现金 8%（享受返现客户最终成交金额不能少于预交货款金额，且所有返现核算金额均按万元计算）。

13. 五一幸运惠，装修赢大奖

活动期间交定金每满 5000 元即可获赠刮刮乐彩票一张（砸金蛋一次 / 幸运大转盘一次）：

- 凭 VIP 入场券方可参加。
- 退货量不超过 10%。
- 不能与其他活动同时享受优惠。

二、促销活动总结范例

通过半个月的准备和连续三天的共同努力，这次活动无论是销量还是订单数均名列前茅。无论是在市场、同行还是客户当中都赢得了相当好的口碑，超额完成了预期的销量，达到了增强队伍信心，鼓舞士气的作用。

为了对下阶段工作有所推进和完善，力求每次活动都有所进步，特总结以下经验供大家探讨学习，其中的教训望大家引以为鉴。

本总结按时间跨度分为三段：准备阶段、促销阶段和结束阶段。

1. 准备阶段

总的来说准备阶段有点仓促，但相对其他品牌略显细致。本阶段将从外圈（小区、装饰城、店面）、线上（宣传、网络）、内圈（人员、物料、价格、产品）、线下等方面来阐释本次促销活动的成果和不足。

（1）小区层面。月初开始宣传月底将有一次大型活动，且在中间进行了不间断地跟踪，从现场来看，到底效果多大，难以界定。不过这种提前蓄客的意识要建立。本次小区活动推进不是太明显，跟进方面的工作有待完善，网络组织也要跟上，样板房要及时建立，家装设计师及木工渠道维护工作也要提前去做。

（2）装饰城层面。装饰城层面主要指活动的主会场的布置，本次活动准备了两种铺装地砖：一种是耐磨的二翅豆，另一种是仿古风格的白蜡木。这两种瓷砖不仅铺装效果大气，现场踩踏体验也很好。这中间有个插曲，喷绘原本计划用在店面的，但因装饰城不让用，才放到会场，不料却形成了一个很大气的带有活动主题"帐篷"。虽然最终结果是好的，但一方面说明我们在装饰城的准备工作方面做得不够；另一方面有些东西没有提前沟通好，如装饰城哪些地方可以用，哪些地方不可以用，哪些物料可以借用，哪些物料必须自备，如很多椅子和桌布是可以借用的，不用自己置办。值得表扬的是，画架、X展架、环保袋、折叠桌、木雕像、签字笔等排列有序，整个现场布置得当，气氛和周边相得益彰。同时在与装饰城沟通后，还在主会场T字台旁边布置了体验区。

不足的是：铺设过后，没有零散的样板，花色和出样没有一定的系列；特价贴、标价贴是后来补上的；现场人员饮用的瓶装水是后来补上的；椅子没有准备充分；没有签字台，正式度显得不够。

（3）店面层面。活动压单对活动高潮的推动起到了很大的作用。特别是活动前两天，首先对所有工作人员进行活动的培训，解读活动要注意的细节；其次对店面形象做了大幅改动（更整洁，更有条理），价格标签全部统一、特价标签全部统一，X展架、画架、赠品（木雕象、蚕丝被、环保袋）、店面条幅、地贴广告、小型户外喷绘、店内DM单页、吊旗、样品摆设、画册等布置得都很到位。

对本次活动来说，有些布置还可以更完善，如气球拱门加上条幅；增加迎宾临促，准备点心、水果、进店小赠品等；准备几个大空箱（规格至少1mx1m），在空箱上贴上大号的"礼品"或"奖品"，最好用毛笔字，如果印刷用红底黄字，字体选用正式大方的字体以增加气氛。

（4）宣传层面。宣传层面指报纸软文、短信平台和网络平台（单独提出）。报纸软文应提前半个月发，本次活动提前一个星期；短信平台应提前一个星期发，这次仅提前一天（内容：现买地板最高可省XX元m^2！番龙眼一等品XX元……总裁签售年度极限价仅三天，X月X日XX装饰城店，电话XXXXXXXX）。

网络平台没有重点宣传，媒体也没有重点报道。在整个装饰城外圈，没有上拱门、横幅、彩旗、刀旗、相应地贴等，装饰城外终端拦截不足。但总裁签售及相关活动赢得了市场的一部分资源。

（5）网络层面。这次活动没有在网络上做宣传，相关人员缺乏对各个小区QQ群的了解，软文和硬广有待改进，网络推广缺乏人才。下步打算给XX做培训，同时建立严格的用人机制。

（6）人员层面。整体人员相对充足（XX负责店内、XX负责会场）。会场人员对材种和价格的了解不是很彻底；2名临促（负责进场人流拦截）没有进行正式的培训，对活动内容了解欠缺，人数可以增至5名，门口1名负责形象展示、三楼2名分开负责人流拦截、店面2名负责接待和介绍及形象展示，5人形成一个路线图；一定要增强人员的拦截能力，如果有条件可多加3至5名人员举牌在市场游行。

（7）物料准备。物料的准备包括获得工厂方特价板的支持（改制板）、活动当天礼品的支持（半价）、样板的支持等。这次活动厂方给了很大的支持，从实木上看，有XX的番龙眼、XX的圆盘豆、XX的二翅豆；从花色上看，有淡色系的白蜡木、中性色系的葡萄木和深色系的圆盘豆；从规格上看，有短板的格木、长板的格木；其他物料有DM单页、吊旗、X展架、画架、地贴、喷绘、木雕象、伞、杯子、蚕丝被等。总的来说这次活动物料准备得还是比较充分、完备的。

（8）价格层面。此次活动成功举办，关键的一点是价格。作为促销活动，价格是选购一个重要原因。在价格上要注意以下几点：

首先，确定一款作为市场最低价的特价板，最好是其他品牌同样做的材种而且价格一定要最低，即使是噱头也要把势造足，虽然客户不一定选这个，但吸引人的眼球的目的达到就可以了，客户也许是冲着这个降价力度来的。

其次，同样的活动品牌，力度代表一个企业的实力，如果没有做到第一，就不要和其他品牌有雷同的材种，否则只能起到反作用，会给客户提供作为参照的标靶（XX和XX就做了我们的参照物，对我们这次活动起到了很大的参照作用）。

最后，参照整个装饰城的基本消费梯度，可以判断出大多数客户的消费能力，再根据这个信息定制特有的产品（特价板、改制板等），比如XX装饰城的客户是中等收入群体，那么就可以在中等价位针对一些材种进行专门研究。

（9）产品层面。产品的摆放、陈列，花色的选择，规格的定制，包装的统一，一些有瑕疵的产品要提前做好准备（不要本来没有瑕疵的产品因为样板的损坏导致客户的不满）。在特价板中要考虑花色的不同，以满足不同年龄段客户的需求，如果对规格要求不高，可以使用改制板。一等品级别的包装是让客户信服的一个重要因素；背面的小A也是我们这次促销成功的关键因素；产品的权威认证标志也是赢得客户认可的一个重要因素。

产品的很多技术卖点在这个时候可以放大。本次活动出样不足，有很多出了样没货，有很多根本没有出样，导致很多可以出样的产品没能卖出去，针对这个问题，可以制作一个小样展示手册。

2. 促销阶段

促销阶段的主要工作是终端截流、店面导购、现场造势、动态调节。

（1）终端截流。终端截流主要针对临时促销员而言，市场的人流走向是受到一定的人为因素影响的。终端截流可以提高消费者进店了解产品的频度，进一步提高签单率，作为关键时刻的关键因素，临促的作用要大于广告的作用，临时促销员可以一直使用一个固定的群体，避免出现各种复杂情况，减少累计的人员培训成本、时间成本等各种成本。

本次活动，临促没有统一服装，而且有位穿得过于休闲——短裤、T恤，这些都是严禁的服装，除非所有临促都统一穿短裤、T恤。

（2）店面导购。店面导购最重要的工作就是对整个产品和价格体系进行把控，了解最低界限，始终掌握主动权。

鉴于总体传播的考虑，导购和小区等促销活动要围绕"XXXXXX"。以下为关于漆层的导购案例。导购员可以这样跟客户介绍："首先，可以从两个方面了解地板。二是正面，即产品本身；一是侧面，即企业信息。正面来说，看一个产品要看细节，材种都是从外国进口的，所以我们先了解一下材种，如 XX 现在性价比高，XX 稳定些，但这不是各个品牌有所差别的主要原因。一块地板有漆面、工艺和坯板。先说工艺，您可以逆着光看下这个漆面，是不是平整，是不是均匀，正面看是不是有瑕疵，您拿在手里感受一下，再就是开槽，XX 开槽的技术是最先进的，一般地板分布在厚度上，是 6、6、6，XX 没有考虑到地板的受力，也没有考虑到地板的二次利用，所以这不是我们需要的，光是开槽您就可以淘汰掉很多产品了。

"接下来，再看地板背面的 LOGO 和板面，我们能保证这里都是一等品，一等品和合格品差别是很大的。到时你可以带上一块样板，等货到家的时候，对比一下，送到的货是不是您在店里看的。

"再接下来就是规格了，规格不同，价位也是不同的。虽然铺设时是按平方算的，但是在选购时，这个是按规格计费的。所以，一些非常规的板子也是有的。

"下面说的就是最最关键的了，也就是漆面。一块地板现在多的有 20 多层漆面，少的有 6 层漆面，或者自己上漆，涂个几层都可以。但是，经过研究发现，漆面层数多，容易崩漆、裂漆，一旦有特殊情况，如钥匙不慎坠落，都能使整个地板'破相'。但是，漆层少，很多功能又不能得到最大发挥。我们根据漆面的三种特性，也就是通透性、柔韧性和附着力，研制出三种漆：柔性离子漆、韧性黏合漆、养护耐磨漆。经过高温固化和高频射线的处理后，漆面可形成一层致密的立体网状结构，这是一般地板漆面所不具备的。"

再者，导购要注意了解客户的需求，即在影响成交的因素中，客户最关注的因素(如品牌、价格、售后、促销、导购本身、购物环境等)；然后，导购根据经验对客户进行分类，有针对性地进行导购工作。

最后，作为一个导购要学会和竞争对手建立良好关系，即可以随时进入竞争对手的"地盘"，了解竞争对手的销量，同时也给他们了解本品牌产品销量的机会，这样做有利于临时改变战术，并根据整个市场的动态、走向，分析市场现在的需求或者这个阶段的需求。

在开展促销活动时，要注意人流的动态变化，学会"走动管理"，有空间时间时，可到其他店面进行了解，研究他们吸引人流的方式，再根据现场的变化，为本店制定适当的方案。

以上是一套模式，也许只适合一个人，导购要从中吸取养料，选择对自己最有用的，形成自己的风格。

（3）现场造势。现场造势，不光是给客户看的，也是给同行和市场看的。适当的造势能起到震慑同行、在市场中赢得主动性的作用。

1）举牌造势。在活动现场，三五个人举牌在市场游走，可以起到提示市场其他潜在客户注意、其他品类市场人员注意、市场人员注意等的作用。举牌人员要统一着装、精神饱满、态度端正、队形整齐，每个队要有一个领队，领队可根据实际情况对自己队的队形、队员做稍微的调整，领队的工资要高于其他队员。

这次活动没有找很多兼职，举牌的活动也没有做。

2）视觉和听觉的造势。电子屏配合适当的企业宣传片，可以给客户营造一个不同的消费环境。电子屏一定要用发光字，而不用游动的字。本次活动时，没有企业宣传片。这些作为可选项，各地经销商可根据活动需求决定是否设置。

3）外围造势。刀旗、彩旗、拱门、气球、横幅、遮阳伞、广告衫，这些是在场外造势的武器。对于促销来说，气球、横幅、拱门上可以有一定的活动内容，比如"番龙眼XXX"等字样，以告知客户我们的活动力度，吸引客户注意。这次活动，刀旗、彩旗没有制作；横幅、气球想到了但没做；遮阳伞太少，应该多做；至于拱门可以做个横幅，我们有但是没有用；广告衫多用于内部，没有起到很大的作用。

4）现场活动造势。有部分活动需要提前和市场沟通，但是在人多时可用市场的广播公布。如广播"某某地板，只限一个小时的限量促销，所有进店人员均可得精美礼品一份，在规定时间下定的将享受超低的价格……"，这样做的目的是吸引在场客户注意，也是对其他同行的一个重击。需要注意的是，每次提前沟通的活动都要"买断"，即本次活动只能一家做，可用抽奖（如"鉴于本次促销活动大量客户对本店的支持，将有一位幸运客户享受免单，敬请关注某某地板的本次活动！谢谢大家的支持。"）等其他方式，让客户感受到活动的乐趣和实惠。这次活动没有做这方面的造势准备，以后的活动可以借鉴一下。

（4）动态调节。

1）政策的动态。动态调节要注意几个要点：提前申请一定的决策权，以对部分产品有调整的空间。准备应急方案和物料，对所有可能发生的变动，准备相应的物料，比如，价格如果不是最低，那么可以在X展架等价格部分做适当改动，或直接用空白单页进行现场告知，随时调整现场的动向。

这次活动中，其他品牌看到我们某个产品设了特价却没有做任何反应，说明他们没有调整政策。再一个失败的案例就是XXXX(企业名称)，其本次活动的一个亮点是1元拍卖。但是因为没有调整政策，拿原来方案的一款仿古白蜡木做活动，他们开口便说原价为XX元，1元起拍后，最后由托儿抬到280元，就没人往上叫了。原因是很多人看到我们类似产品的特价是298，而且板子不比他们差。

另一个案例是XXXX，他们X展架上番龙眼是XX元，明显高于我们的XX元，单单从价位上客户应该明白我们的力度要大。虽然他们也对市场做了了解，但是除了跟着铺设地板样品外，再没有做出其他的反应，反馈机制和动态管理不足。

2）人员的动态。对一些临促，要根据现场的活动，准备多于活动计划人数一倍的人员，在培训后录取一半精兵。再根据现场的情况进行筛选。例如，一次需要5名，那么要招收12名，针对12名，确定7名，留两名备用。如果少，可以及时通知增援，多在当天通知他们第二天的人数，以动态管理人员。这次临促数只有两名，略显不足，说明前期准备不到位。

3）物料的动态。根据现场表现，有些值得借鉴且使用难度不大的物料，要及时补充。对于同行中有败笔的物料要记住不要出现。每次活动的现场要留下图片，以备其他地区复制和借鉴，为以后的促销活动提供经验。

3. 结束阶段

除了对活动有个及时的总结，还要有对下次活动的计划，最好能在活动后把这次活动的优缺点掌握，每次有意识地把握促销规律，逐渐形成自己的促销风格。

（1）及时总结。所有参与人员要共同讨论本次活动的利弊，每个小队形成一个方案，比如临促小队用半个小时阐述一下本次活动可以提高的地方、不需要做的地方，由一个代表进行总结发言，他们发言完毕后就可以按时下班了。导购小队用半个小时阐述自己的建议和亲身感受，接下来其他参与人员发表自己的观点，最后由本次负责人进行总结。

所有总结，除临促以外，以书面形式提交给营销中心，作为市场反馈的一个重要信息来源（以上部分也提到，很多图片要留档）。

这次活动，我们及时做了总结，但针对临促这块没有做总结，经销商也没有做总结，这是不足的地方。

（2）信息编辑。信息的编辑包括对图片的编辑、文字的编辑、信息的整理等，特别是活动结束后的及时报道，如果及时报道成功了，会进一步增强大家继续工作的信心，如果不成功，及时地总结教训也能激发大家工作的斗志。作为网络推广的一部分，活动后的及时报道有很多好处，如打击竞争对手的士气等。

这次，在活动结束后相关人员就立即写好软文，也将很多图片发到网上，这对于品牌的推广来说，起到了一定的作用。不足的是，相关人员对所有促销的产品结构没有进行调查，对影响客户购买的因素也没有分析清楚。

（3）及时计划。一个活动的结束就是另一个活动的开始，除了考虑按年度计划来做活动外，还要考虑从本次活动中得到的信息来策划并准备下一次活动。如这次活动中有一个小区的销售额比较突出，那么我们下次的活动在这个小区做，活动成功的可能性则需要我们调查分析。

4. 总结

当前很多企业在做促销活动时，上层只注重计划，忽略总结和评估，以销量为最终指标；下层只注重表功，缺乏直面不足的勇气。很多方案过于经验化，以至于出现的问题和不足也会"传宗接代"。

为了一次比一次更好，每次活动都要及时总结，不断地提升自我，以从"经验"走向系统的管理。一个企业只有靠制度和系统进步，才能避免"人才流失"带来的危机。